Urkunden und Akten

Für rechtsgeschichtliche und diplomatische Vorlesungen und Übungen

ausgewählt von

Karl Brandi

Dritte, verbesserte Auflage

Verlag von Walter de Gruyter & Co.

vormals G. J. Göschen'sche Verlagshandlung — J. Guttentag, Verlagsbuchhandlung — Georg Reimer — Karl J. Trübner — Veit & Comp.

Berlin 1932 Leipzig

Archiv-Nr. 33 07 32.

Druck von Walter de Gruyter & Co., Berlin W 10

Vorwort zur ersten Auflage.

Einen Teil der folgenden Urkundentexte habe ich seit Jahren wiederholt als Unterrichtsbehelfe zu Vorlesungen über Diplomatik oder als Material für Anfängerübungen autographieren lassen. Wenn ich jetzt die kleine Sammlung, zunächst wieder für den eigenen Gebrauch erweitert, herausgebe, so erweist sie sich vielleicht auch anderen als nützlich.

Außer eigentlichen Urkunden sind auch Briefe, Erklärungen, Protokolle, Formulare und andere Eintragungen in Formular- und Amtsbücher aufgenommen, die sich nach Form oder Überlieferung mit den Urkunden nahe berühren; alles das entsprechend dem erweiterten Begriff urkundlicher Quellen, wie ich ihn auch für die systematische Diplomatik vertrete (Archiv für Urkundenforschung [1908ff.] I, 2 und II, 156). Deshalb ist die Auswahl so getroffen, daß nicht nur die allerwichtigsten Urkundenarten und Kanzleien, sondern vor allem die verschiedenen Überlieferungsformen vertreten sind; auch Fälschungen mit echten Elementen habe ich aufgenommen. Im übrigen leiteten mich bei der notwendigen Beschränkung folgende Gesichtspunkte. Einmal wünschte ich die aller späteren Entwicklung zugrunde liegenden einfachen altrömischen Formen mehr, als sonst wohl üblich ist, heranzuziehen. Zum zweiten legte ich besonderen Wert darauf, möglichst nur solche Stücke aufzunehmen, von denen Faksimiles mehr oder minder überall zugänglich sind, so daß bei der heutigen Erleichterung des Unterrichtes durch Epidiaskop oder Skioptikon die Textgestaltung in den Übungen von den Studierenden selbst vorgenommen oder nachgeprüft werden kann, und ebenso die weitere Analyse und Interpretation des Textes unterstützt wird durch die unerläßliche eigene Anschauung. Endlich sollten die Stücke nicht nur inhaltlich lehrreich sein, sondern auch gruppenweise durch verwandten Inhalt zu vergleichenden Beobachtungen anregen; deshalb sind gewisse Rechtsgeschäfte und Verfassungseinrichtungen vor anderen bevorzugt, weil gerade in diesen Reihen wichtige Stücke zugleich in guten Faksimiles zugänglich waren. Im ganzen sind kurze inhaltreiche Stücke gewählt, doch durften auch einzelne Beispiele des weitschweifigeren Urkunden- und Aktenstils nicht fehlen.

Göttingen, zum 17. Juni 1913.

Geleitwort zur dritten Auflage.

Im Frühjahr 1921 mußte ein anastatischer Neudruck dieser Sammlung herausgegeben werden. Er war durch anderthalb Bogen mit ergänzenden Aktenstücken erweitert worden.

Die dritte Auflage bedeutet demgegenüber eine wirkliche Erneuerung des Ganzen. Die Texte sind nach der relativ besten Überlieferung revidiert, die Literaturnotizen ergänzt, die Stücke des Anhangs chronologisch eingeordnet worden. Einige Stücke sind ausgewechselt. Die Echtheit der Urkunde König Offas von 774 (alte Nr. 16) ist neuerdings angezweifelt; ich habe dafür eine andere eingesetzt, die für die öffentlichen Lasten lehrreich ist (Nr. 22). Einige allzu umfangreiche Stücke sind als weniger wichtig ausgeschieden (die alten Nummern 56, 57, 73), Nr. 63 ist verkürzt; dafür sind sechs neue aufgenommen (Nr. 8/II. 48. 53. 62. 63. 64), die Beispiele von bisher garnicht oder unzulänglich vertretenen Urkundenformen und Rechtsgeschäften bieten.

Ich hoffe, daß die Sammlung in ihrer neuen Gestalt sich nicht nur in Übungen, sondern auch in rechtshistorischen und diplomatischen Vorlesungen bewährt.

Göttingen, Ostern 1932.

Brandi.

Chronologische Übersicht.

1. Tullia Lampyris.

57, Dez. 23. Pompeji.

Quittung über 8562 Sesterzen an L. Caecilius Jucundus.

Or. (3 Wachstafeln; Text auf der 2.—5. Innenseite): Neapel. Facs.: Diehl, Inscriptiones latinae [1912], p. *XVII (Lichtdr. von zwei anderen Stücken Pal. Soc. I, 159). Ed.: Corp. Inscr. lat. IV, 3340, XL. Bruns, Fontes juris Romani, ed. Gradenwitz, 358; Litt. S. 354. L. Schiaparelli, Raccolta di docc. latini (Como 1923). I, 6. S. 9. — Vgl. H. Erman, Die pomp. Wachstafeln 1899 (Zs. f. Rechtsgesch. rom. Abt. XX). Steinacker, Ant. Grundlagen d. Privaturk.* (1927). *S. 108.*

(II) HS n. IↃↃ ∞ ∞ ∞ DLXII, / quae pecunia in stipu/latum L. Caecili Jucundi / venit ob auctionem / Tulliae Lampuridis / mercede minus / persoluta habere /

(III) se dixsit Tullia / Lampyris ab L. Caecilio / Jucundo /.

Act. Pomp. X. k. Ianuar. / Nerone Caesare II / L. Caesio Martiale Cos. /

(IV)	L. Vedi	SIEGEL	Cerati	D. Volci	SIEGEL	Thalli
	A. Caecili		Philologi	Sext. Pom.		Axsiochi
	Cn. Helvi		Apollonii	P. Sexti		Primi
	M. Stabi		Cryserotis	C. Vibi		Alcimi.

(V) Nerone Caesare II / Act. Pompeis / L. Caesio Martiale Cos. / X. k. Ianuarias.

Sex. Pompe/ius Axiochus scripsi rogatu / Tulliae Lampyridis, eam / accepisse ab L. Caecilio Jucu/ndo / sest[ert]ia nummum octo [milia] / quingenti sexages dupun/dius ob auctionem eius / ex interrogatione facta tabellarum signatarum. /

2. Senatus consultum.

138, Oct. 15. Rom.

Erlaubnis zur Abhaltung von Halbmonatsmärkten.

Inschrift (nach Abschrift aus den Senatsprotokollen): Tunis, Museum. [Facs. ähnlicher Stücke: Gradenwitz, Simulacra zu Bruns fontes jur. Rom.]
Ed.: Wilmanns, Eph. epigr. II, 271. Bruns, Fontes7, 205.

S. C. de nundinis saltus Beguensis in territorio Casensi, discriptum et recognitum ex libro sententiarum in senatu dictarum Kari Juni Nigri, C. Pomponi Camerini cos., in quo scripta erant Africani jura et id quod infra scriptum est:

Idibus Oct. . . . in comitio in curia Julia.
Adfuerunt Q. Gargilius, Q. f. Antiquus.
Ti. Cl[audius], Ti . . Pal. Quartinus.
C. Oppius, C. f. Vel. Severus.
C. Herennius, C. f. Pal. Caecilianus.
M. Julius, M. f. Quir. Clarus.
P. Cassius, P. f. Clarus Dexter, quaestor.
P. Nonius, M. f. Ouf. Macrinus, quaestor.
In Senatu fuerunt C.
S. C. per discessionem factum.

Quod P. Cassius Secundus, P. Delphius Peregrinus Aleius Alennius Maximus Curtius Valerianus Proculus M. Nonius Mucianus coss. verba fecerunt de desiderio amicorum Lucili Africani c. v., qui petunt: ut ei permittatur in provincia Africa, regione Beguensi, territorio Musulamiorum, ad Casas, nundinas IIII. nonas Novemb. et XII. k. Dec., ex eo omnibus mensibus IIII. non. et XII. k. sui cuiusque mensis instituere habere, quid fieri placeret,

de ea re ita censuerunt:

Permittendum Lucilio Africano c. v. in provincia Africa, regione Beguensi, territorio Musulamiorum, ad Casas, nundinas IIII. non. Novemb. et XII. k. Decembr. et ex eo omnibus mensibus IIII. non. et XII. k. sui cuiusque mensis instituere et habere, eoque vicinis advenisque nundinandi dumtaxat causa coire, convenire sine iniuria et incommodo cuiusquam liceat.

Actum idibus Octobr. P. Cassio Secundo, M. Nonio Muciano.

Eodem exemplo de eadem re duae tabellae signatae sunt.

Signatores: T. Fl(avi) Comini scribae. C. Juli Periblepti.
C. Juli Fortunati scribae. L. Verati Phile(rotis).
M. Caesi Helvi Euhelpisti. T. Fl(avii) Crescentis.
Q. Metili Onesimi.

3. Q. Julius Priscus.

166, Mai 24. Seleucia Pieria.

Verkauf eines Sklaven für 200 Denare an C. Fabullius Macer.

Or. Papyrus (oberer Teil eingerollt und mit 7 Siegeln verschlossen, wie noch der geöffnete Pap. bei Marini 75 vom Jahre 575; vgl. Gött. Gel. Anz. 1899, 134): London, Brit. Mus.
Facs.: Pal. Soc. II, 190. Arndt-Tangl, II, 32. Steffens, I, 9.
Ed.: L. Schiaparelli, Raccolta di docc. lat. I, 25 S. 42. — Vgl. Schulten, Hermes 32, 273.

C. Fabullius Macer, optio classis praetoriae Misenatium III / Tigride, emit puerum, natione transfluminianum / nomine Abban, quem Eutychen, sive quo alio nomine / vocatur, annorum circiter septem, pretio denariorum / ducentorum et capitulario portitorio, de Q. Julio / Prisco, milite classis ejusdem et triere eadem. Eum pue/[ru]m sanum esse ex edicto, et si quis eum puerum / partemve quam eius evicerit, simplam pecuniam / sine denuntiatione recte dare, stipulatus est Fabul/lius Macer, spopondit Q. Julius Priscus.

Id fide sua / et auctoritate esse jussit C. Julius Antiochus, mani/pularius III Virtute. /

Eosque denarios ducentos, qui suprascripti sunt, probos, recte / numeratos accepisse et habere dixit Q. Julius Priscus /, venditor, a. C. Fabullio Macro, emptore, et tradedisse ei / mancipium suprascriptum Eutychen bonis conditionibus. /

Actum Seleuciae Pieriae in castris in hibernis vexilla/tionis classis praetoriae Misenatium, VIIII. kal. Iunias, Q. Servilio / Pudente et A. Fufidio Pollione co. /

[2. *Hand*] Q. Julius Priscus mil. III Tigride vendedi C. Fabullio Macro, optioni / III eadem, puerum meum Abbam, quem et Eutychen et re/cepi pretium denarios ducentos ita ut suprascriptum est.

[3. *Hand*] C. Julius [Titia]nus, suboptio III Libero Patre et ipse rogatus pro Gaio Julio Antihoco manipulario III Virtute, qui negavit se literas / scire, eum spondere et fide suam et auctoritate esse, Abban cuen ed Eutycen puerum, ed pretium eius denarios ducentos / ita ut s. s. scritum est. /

[4. *Hand*] C. Arruntius Valens, suboptio III Salute, signavi.

[5. *Hand*] C. Julius Isidorus, centurio III Providentia, signavi.

[6. *Hand*] C. Julius Demetrius, bucinator pri[n]cipalis III Virtute, (signavi).

Ετους δο̅ς̅ ἀρτεμισιου δκ̅ δομετιος γερμανος μισθωτης κυινιανος μεισηνατων εκ[...]κα/τη πρασει του παιδειου αββα του και ευτυχου.

---

4. Kaiser Gordian.

238 [vor Dez. 16. Rom].

Reskript auf die griechische Bittschrift des Soldaten Pyrrhus.

Steininschrift (nach Copie aus den ksrl. Rescripten).
Facs. — [Vgl. den Papyrus bei Leemans, Papyri graeci mus. Lugd.-Bat. (1885) II].
Ed.: Bruns, Fontes7, 263. Schiaparelli I, 60, S. 102. Vgl. Mommsen, Zs. f. Rechtsg. XXV, 244. Faas, Arch. f. Urk.-Forsch. I, 236 ff. Fr. Preisigke, Die Inschr. v. Skaptoparene, Schr. d. wiss. Ges. in Straßburg 1917. U. Wilcken, Zu den Kaiserreskripten, Hermes 55, 1920.

Bona fortuna! Fulvio Pio et Pontio Procullo cons. XVII kal. Ian. descriptum et recognitum factum ex libro libellorum rescriptorum a domino nostro imp. Caes. M. Antonio Gordiano Pio Felice Aug. et propositorum Romae in porticu thermarum Traianarum in verba quae infra scripta sunt.

Datum per Aurelium Purrum militem cohortis X praetoriae piae fidelis Gordianae centuria Proculi convicanum et conpossessorem.

Preces [griechisch; hier weggelassen].

Imp. Caesar M. Antonius Gordianus Pius Felix Aug. vikanis per Pyrrum mil. conpossessorem.

Id genus quaerellae praecibus intentum ante justitia praesidis potius super his quae adlegabuntur instructa discinge; quam rescripto principali certam formam reportare debeas.

Rescripsi.

Recognovi. Signa.

---

5. Statia Irene.

252. Juli 31. [Rom.]

Schenkung eines Grabmals an M. Licinius Timotheus.

Marmorinschrift, 1554 ausgegraben, jetzt verloren.
Ed.: Corp. inscr. lat. VI2, 102 47. Bruns, Fontes7, 336. Schiaparelli, I, 44, S. 70. Abbildung des Grabkultus z. B. Propylaeen Weltgesch. II, 63.

Monumentum, quot est via triumphale, inter miliarium secundum et tertium euntibus ab urbe parte laeva, in clivo Cinnae, et est in agro Aureli Primiani, fictoris pontificum cc. vv. et appellatur Terentianorum, juxta monumentum Claudi quondam Proculi et si qui ali affines sunt et qua quemque tangit et populum,

Statia Irene, jus liberorum habens, M. Licinio Timotheo donationis mancipationisque causa HS nummo uno mancipio dedit, libripende Claudio Dativo, antestato Cornelio Victore; inque vacuam possessionem monumenti suprascripti cessit, et ad id monumentum itum aditum ambitum aquae haustum, coronare, vesci, mortuum mortuas mortuosve ossa inferre uti liceat.

Quot mihi Licinnio Timotheo tu Statia Irene j. l. h. monumentum s. s. HS. nummo uno mancipio dedisti, de ea re dolum abesse afuturumque esse a te, herede tuo et ab his omnibus, ad quos ea res pertinebit, haec sic recte dari fieri praestarique stipulatus est Licinius Timoteus, spopondit Statia Irene j. l. h.

Actum pr. kal. Aug. impp. dd. nn. Gallo Aug. II et Volusiano Aug. coss.

Isdem coss. eadem die Statia Irene j. lib. h. donationi monumenti s. s., sicut supra scriptum est, consensi subscripsi — — et atsignavi. Actum — — —.

---

6. Vitalis an Achillius, Statthalter von Phönizien.

undat. (IV. Jahrh. n. Chr.)

Empfehlungsbrief für Theophanes aus Hermupolis.

Or. Papyrus aus Ägypten: Straßburg, Bibliothek.
Facs.: Bresslau, Archiv f. Papyrusforsch. III, 168. Arndt-Tangl, Schrifttafeln, II^4, 32^a. *Steffens, Lat. Pal. Suppl. 3.*
Ed.: Schiaparelli, I, 48, S. 76.

Domino suo Achillio / Vitalis /

Cum in omnibus bonis benignitas tua sit praedita, tum / etiam scholasticos et maxime qui a me cultore tuo hono/rificentiae tuae traduntur, quod honeste respicere velit, / non dubito, domine praedicabilis. Quapropter Theofanen / oriundum ex civitate Hermupolitanorum provinciae / Thebaidos, qui ex suggestione domini mei fratris nostri / Filippi usque ad officium domini mei Dyscoli vexationem / itineris quodammodo sine ratione sustinere videtur / inimitabili religioni tuae trado, ut eundem praeter/euntem more honestatis tuae benigne et humane / respicere digneris. Juro enim salutem communem / et infantum nostrorum quod enim eodem minime / petente benivolentiae eundem insinuendum putavi.

[*eigenhändig:*] Domine dulcissime et vere amantissime beatum te / meique amantem semper / gaudear.

Außenadresse: Domino suo Achillio ἡγεμόνι Φοινείκης, Vitalis.

---

7. Gesta synodalia.

465. Nov. 19. Rom.

Canones über Hindernisse der Ordination. Wahl der Bischöfe statt Einsetzung; Erklärungen über zwei inserierte Briefe der Bischöfe aus der Provincia Tarraconensis.

Abschriften in den HSS. der Konzilsakten und Papstbriefe. Ed.: Andr. Thiel, Epistolae Rom. pontif. gen. I, 159 (Brunsbergae 1868). — Zu den Akklamationen vgl. Hirschfeld, S.-B. d. Akad. Berlin, 1905, 944.

Flavio Basilisco et Herminerico viris clarissimis consulibus sub die XIII kalendarum Decembrium,

residente viro venerabili Hilaro papa in basilica. S. Mariae et Maximo Taurinatum ... primae civitatum provinciae Galliarum, Ingenuo Ebredunensi provinciae s.s., ... Medionensi provinciae ss., Saturnino Avenionensi provinciae ss.

Petro Portuensi, Paulo Aquavivensi [*etc. noch 39 Bischofsnamen bis*] Restituto et Octavio Afris;

residentibus etiam universis presbyteris,

adstantibus quoque diaconibus,

Hilarus episcopus ecclesiae catholicae urbis Romae, synodo praesidens, dixit:

„Quoniam religiosus sancto Spiritu congregante conventus hortatur, ut quaecunque pro disciplina ecclesiastica necessaria sunt, cura diligentiore tractemus, si placet, fratres, ea quae ad ordinationum tenorem pertinent, juxta divinae legis praecepta et Nicaenorum canonum constituta ita adjuvante Domino in omne aevum mansura solidemus, ut nulli fas sit sine status sui periculo vel divinas constitutiones vel apostolicae sedis decreta temerare;

quia nos, qui potissimi sacerdotis administramus officia, talium transgressionum culpa respiciet, si in causis Dei desides fuerimus inventi, quia meminimus, quod timere debemus, qualiter comminetur dominus negligentiae sacerdotum; siquidem reatu majore delinquit, qui potiori honore perfruitur, et graviora facit vitia peccatorum sublimitas dignitatum.

Cavendum ergo imprimis est, ne ad sacratos gradus, sicut gestis prioribus ante praescriptum est, quisquam qui uxorem non virginem duxit, adspiret.

Repellendus est etiam quisque qui in secundae uxoris nuptias contra apostolica praecepta convenit.

Inscii quoque litterarum, necnon et aliqua membrorum damna perpessi et hi, qui ex poenitentibus sunt, ad sacros ordines adspirare non audeant.

Quisquis talium consecrator exstiterit, factum suum ipse dissolvet et quod commisit illicite aut a decessoribus suis invenit admissum, si proprium periculum vult vitare, damnabit; nos enim in nullo volumus severitatem ultionis exercere. Sed qui in causis Dei contumacia vel delicto deliquerit aut ipse, quod perperam fecit, abolere noluerit, in se, quidquid in alium non resecarit, inveniet.

Quod ut deinceps possit tenacius custodiri, si placet, omnes sententias et subscriptiones proprias commodate, ut synodali judicio aditus claudatur illicitis."

Ab universis episcopis et presbyteris acclamatum est:

„Exaudi Christe, Hilaro vita!" (dictum est sexies).

„Haec confirmamus, haec docemus" (dictum est octies).

„Haec tenenda sunt, haec servanda sunt" (dictum est quinquies).

„Doctrinae vestrae gratias agimus!" (dictum est decies).

„Ista ut in perpetuum serventur, rogamus!" (dictum est quindecies).

„Per domnum Petrum, ut in perpetuum serventur, rogamus!" (dictum est octies).

„Haec praesumptio nunquam fiat" (dictum est decies).

„Qui haec violaverit, in se inveniet" (dictum est septies).

Et facto silentio Hilarus episcopus dixit:

„Praeterea, fratres, nova et inaudita, sicut ad nos missis de Hispaniis epistolis sub certa relatione pervenit, in quibusdam locis perversitatum semina subinde nascuntur. Denique nonnulli episcopatum, qui nonnisi meritis praecedentibus datur, non divinum munus sed haereditarium putant esse compendium et credunt, sicut res caducas ita sacerdotium velut legati aut testamenti jure posse dimitti. Nam plerique sacerdotes in mortis confinio constituti, in locum suum feruntur alios designatis nominibus subrogare; ut scilicet non legitima exspectetur electio, sed defuncti gratificatio pro populi habeatur assensu.

Quod quam grave sit, aestimate; atque ideo, si placet, etiam hanc licentiam generaliter de ecclesiis auferamus, ne, quod turpe dictu est, homini quisquam se putet debere quod Dei est. Ut autem quod ad nos perlatum est, ad vestram etiam possit pervenire notitiam, Hispanorum fratrum et coepiscoporum nostrorum scripta legantur."

Paulinus notarius recitavit:

„Beatissimo et apostolica reverentia a nobis in Christo colendo papae Hilaro Ascanius et universi episcopi Tarraconensis provinciae.

Quam curam apostolatus vester de provinciarum suarum sacerdotibus gerat, filio nostro illustri Vincentio duce provinciae nostrae referente cognovimus: cuius impulsu votum nostrum in ausum scribendi prona devotione surrexit.

Ergo provinciali litterario sermone debita coronae vestrae obsequia deferentes, his quaesumus, ut dignatione, qua ceteros, etiam humilitatem nostram in orationibus vestris in mente habere dignemini, beatissime et apostolica reverentia in Christo a nobis colende pater, illud specialius deprecantes, ut factum nostrum quod tam voto pene omnis provinciae quam exemplo vetustatis in notitiam vestram[1] defertur, perpensis assertionibus nostris roborare dignemini;"

Et cum legeret, ab universis episcopis et presbyteris acclamatum est:

„Exaudi Christe, Hilaro vita!" (dictum est decies)

„Haec praesumptio nunquam fiat!" (dictum est sexies)

„Quae Dei sunt, ab homine dari non possunt" (dictum est sexies)

„Per dominum Petrum, ut in perpetuum serventur!" (dictum est quinquies)

„Haec ut reserventur rogamus."

Hilarus episcopus dixit: „Lege".

Paulus notarius recitavit:

„Episcopus Barcinonensium civitatis sanctus Nundinarius sortem explevit conditionis humanae. Hic episcopo venerabili fratri nostro Irenaeo, quem ipse antea in diocesi sua nobis volentibus constituerat, derelinquens ei, quod potuit habere paupertas, supremae voluntatis arbitrio in locum ut substitueretur optavit; sed defuncti judicium in eius meritum non vacillat" —

Et cum legeret, Probus episcopus e consessu surgens, dixit: „Illud licuit, hoc non licuit; successores Deus dat. Auctoritate vestra resistite huic rei per apostolatum vestrum!"

Hilarus episcopus dixit: „Percurre, quae coeperas."

Paulus notarius recitavit:

„Siquidem omnis clerus et plebs ejusdem civitatis et optimi et plurimi provinciales, ut idem in eius locum observaret, a nobis speraverunt dato consensu.

Nos cogitantes defuncti iudicium et probantes eius vitam et eorum nobilitatem atque multitudinem qui petebant, simul et utilitatem ecclesiae memoratae, optimum duximus, ut tanto sacerdoti qui ad divina migraverat, non minoris meriti substitueretur antistes, praesertim cum ecclesia illius municipii, in qua ante fuerat ordinatus, semper huius civitatis ecclesiae fuisse dioecesis constet. Ergo suppliciter precamur apostolatum vestrum, ut humilitatis nostrae, quod juste a nobis videtur factum, vestra auctoritate firmetis.

Jamdudum sane questi fueramus litteris nostris de praesumptione Silvani episcopi et miramur, quod nulla apostolatus vestri responsa suscepimus. Nunc haec eadem suggerentes petimus, ut quid super his rebus observandum sit, apostolicis sermonibus nos dignemini informare. Et ne forsitan per negligentiam portitoris aut per longinqui itineris difficultatem humilitatis nostrae ad vos scripta non potuerint ex hoc negotio pervenire, etiam suggestionem nostram maluimus iterare.

(*et subscriptio*:) Orantem pro nobis sanctum apostolatum vestrum jugi aevo divina conservet aeternitas nobis omnibus et ecclesiae suae, domine vere noster et apostolice papa."

Hilarus episcopus dixit: „Alia epistola recitetur."

Paulus notarius recitavit:

---

[1] nostram *alle Hss.*

„Domino beatissimo et apostolica reverentia a nobis in Christo colendo papae Hilaro, Ascanius episcopus et universi episcopi Tarraconensis provinciae.

Etiamsi nulla exstaret necessitas ecclesiasticae disciplinae, expetendum re vera nobis fuerat illud privilegium sedis vestrae, quo susceptis regni clavibus post resurrectionem salvatoris per totum orbem beatissimi Petri singularis praedicatio universorum illuminationi prospexit; cuius vicarii principatus sicut eminet, ita metuendus est ab omnibus et amandus. Proinde nos Deum in vobis primitus adorantes, cui sine querela servitis, ad fidem recurrimus in apostolico ore laudatam, inde responsa quaerentes, unde nihil errore, nihil praesumptione, sed pontificali totum deliberatione praecipitur.

Cum haec ita se habeant, est tamen inter nos falsus frater, cuius praesumptionem, sicut diutius tacere non licuit, ita et loqui futuri iudicii necessitas imperavit.

Silvanus quidam episcopus Calagurae, in ultima parte nostrae provinciae constitutus, ordinationes sibi indebitas usurpando, humilitatem nostram ad hoc usque perduxit, ut contra eius vanissimam superstitionem sedis vestrae unicum remedium flagitemus. Hic namque jam ante septem aut octo amplius annos, postponens patrum regulas et vestra instituta despiciens, nullis petentibus populis episcopum ordinavit; cuius praeproperum factum existimantes fraterna et pacifica posse admonitione sanari, profecit in pejus. Denique dum contra vetustatem canonum, contra synodi constituta alterius fratris nostri presbyterum, spiritu tantum praesumptionis accensus, in eodem loco, qui illi fuerit destinatus, cui invito et repugnanti imposuerat manus et qui nostro jam coetui fuerit aggregatus, episcopum fecit. Hinc factum est, ut de ejus miserrima temeritate ad nos Caesaraugustanae urbis episcopus frater noster referret, cuius diligentia et sollicitudo admodum prospexerat, si in aliquo profuisset. Siquidem cunctis in vicinia positis episcopis ne se schismatico adjungerent, frequentissime contradixit; sed obstinatione damnabili totum quod erat illicitum et quod nobis pudor est dicere, non erubuit solus ille committere.

Proinde quia his praesumptionibus, quae unitatem dividunt, quae schisma faciunt, velociter debet occurri, quaesumus sedem vestram, ut quid super hac parte observare velitis, apostolicis affatibus instruamur, quatenus fraternitate collecta prolatis in medium venerandae synodi constitutis, contra rebellionis spiritum vestra auctoritate subnixi, quid oporteat de ordinatore et de ordinato fieri, intelligere Deo adjuvante possimus. Erit profecto vester triumphus si apostolatus vestri temporibus, quod sancti Petri cathedra obtinet, catholica audiat ecclesia, si novella zizaniorum semina fuerint exstirpata.

(*et subscriptio*:) Orantem pro nobis sanctum apostolatum vestrum jugi aevo divina conservet aeternitas."

Ab universis episcopis et presbyteris acclamatum est:
„Ut haec emendentur rogamus" (dictum est sexies).
„Ut haec recidantur rogamus" (dictum est septies).
„Ut disciplina servetur rogamus" (dictum est octies).
„Ut antiquitas servetur rogamus" (dictum est septies).
„Ut disciplina servetur rogamus" (dictum est quinquies).
„Ut canones custodiantur rogamus" (dictum est septies).
„Ut in praesumptoribus vindicetur rogamus" (dictum est septies).
„Ordinatio apostolica illibata servetur" (dictum est octies).
„Exaudi Christe, Hilaro vita!" (dictum est quinquies).
„Dignus papa, dignus doctor!" (dictum est octies).

Hilarus episcopus dixit:

„Acceptis quae recitata sunt, de omnibus nunc, fratres, speciales sententias Deo vobis spirante depromite!"

Maximus, episcopus ecclesiae Taurinatis, dixit:

„In custodiendis omnibus quae ad sacras ordinationes pertinent disciplinis melius sententiae meae professionem devincio, nihil a me unquam eorum, quae prohibita sunt, esse faciendum. De reliquis censeo, ut quisquis talia fecerit aut detecta in ecclesiis resecare noluerit, noverit se graves causas in apostolicae sedis judicio redditurum, in quo illi necesse erit subire sententiam."

Ingenuus, episcopus Ebredunensis, dixit:

„Mihi quoque eadem de omnibus partibus sententia est, qua me ipse constringo, ne quid a me unquam de his, quae sunt interdicta, tentetur, quia novi statum et professionem meam. De ceteris etiam censeo, ut quisquis statutorum transgressor exstiterit, sciat se ecclesiasticae regulae laqueis innodari, et reatum apostolicae sedis incurrere."

Paulus, episcopus Aquaevivae, dixit:

„Ego quoque simili lege me constringo et de ceteris qui transgressores fuerint, pariter censeo, ne eis sine periculo sui quidquam tale tentare liceat, quod merito debeat vindicari."

Primus, episcopus ecclesiae Atellanae, dixit:

„Hoc et ego censeo observandum."

Palladius, episcopus ecclesiae Salpinae, dixit:

„Nihil me contra disciplinam ecclesiasticam vel statuta sanctorum canonum facturum esse polliceor."

Tiberius, episcopus ecclesiae Sabinensis, dixit:

„Profiteor me statuta sedis apostolicae in omnibus custodire et si in ecclesia mea clericorum aliquem contra praecepta sanctorum canonum deprehendero aut mulierem duxisse aut duas habere uxores, ab ecclesiastico officio separari."

Ab universis episcopis dictum est:

„Sententias fratrum omnes sequimur, omnes confirmamus et observandas esse decernimus."

„Exaudi Christe, Hilaro vita!" (dictum est sexies)

„Quae male admissa sunt, per te corrigantur!" (dictum est octies)

„Quod non licet, non fiat!" (dictum est octies).

Hilarus, episcopus ecclesiae urbis Romae, synodo praesidens, dixit:

„Quoniam praesentis definitionis formam, quae secundum sanctorum est statuta sententiam, in omnium ecclesiarum notitiam pervenire decernimus, ne cuiquam pro sui possit ignoratione licere quod non licet, edere gesta notariorum sollicitudo curabit."

8. König Odovacar.

489, März 18. Ravenna.

Schenkung an den vir illuster Pierius, inseriert in Gesta municipalia. [Dazu, aus denselben Gesta, die Besitzeinweisung].

Or. Papyrusrolle (Fragment), in Columnen, 1 u. 2: Neapel, Bibliotheca nazionale; 3 u. 4: Wien, Nat.-Bibl.

Facs. (z. T.) u. Text: Marini, i papiri diplomatici (Roma 1805) Nr. 82 u. Tab. VI. Neue Lesung durch Maßmann, Die got. Urkk. v. Neapel u. Arezzo (M. 1837), S. 20; nach Photographien bei Schiaparelli, I, 66, S. 117.

[1] — — Actores Pieri v. i. dixerunt:

„Quoniam praecellentissimus rex Odovacar d. n. / ad magnificum patronum nostrum Pierium v. i. conferre dignatus est fundum Aemilianum, prestantem solidos numero decem et octo, nec non et partem fundi Dubli que / remansit, prestantem solidos quindecim ac siliquas decem et octo, adque partem fundi Putaxiae quae prestat per Januarium et Octembium solidos septem / ex corpore massae Pyramitanae in provincia Sicilia, Syracusano territorio, constitutos, de qua re paginam donationis regiae prae manibus gerimus,

quaesumus / laudabilitatem vestram ut eadem a conpetenti officio suscipi jubeatis legi et actis indi,

deinde, quoniam v. i. adque magnificus magister officiorum et consiliarius d. n. / Andromachus ex ac civitate Romae profectus est, qui jussu regio in ipsa largitatem suscribsit, ad Marcianum v. c. notarium regni eius qui ipsam donationem scribsit / pergere una nobiscum iubeatis adque praesentes principales viros et exceptorem, ut dum eius nobilitati ipsa pagina donationis hostensa fuerit adque relectam, / si a sua nobilitatem scribtam agnoscit, vel in eadem iussu regio Andromachus suscribserit, aut si jussum sit gestis adlegari, his actis aedicere non gravetur."

Aurelius / Virinus magistratus dixit:

„Suscipiatur pagina regiae largitatis summa cum beneratione, quae offertetur, et a conpetenti recitetur officio."

Cumque tradita et recitata est: /

Viro inlustri et magnifico fratri Pierio Odovacar rex.

Ex sexcentis nonaginta solidis quos magnitudini tuae humanitas nostra devoverat conferendos, sexcentos / quinquaginta juxta nostrae donationis tenorem viri sublimis comitis et vicedomini nostri Arbori didicimus suggestione contraditos, id est intra p. S. Syracusano territorio / Pyramitana masa, solidos quadringentos quinquaginta, et in provincia Dalmatiarum insulam Melitam, ducentos solidos pensitantem, reliquos ergo solidos quadraginta / de prefatam summam in s. s. massam fundos, id est Aemilianum, prestantem solidos decem et octo et partem fundi Dubli, quae remansit solidos quindecim siliquas / [2] decem et octo nec non et partem fundi Potaxiae qui prestat per Ianuarium et Octembium solidos septem ss. territorio constitutos, volentes supplere / summam superius conpraehensam, praesenti donatione in te cum omni iure suo omnibusque ad se pertinentibus iure directo transcribimus adque / ad tuum dominium optima profitemur lege migrasse, quos utendi possidendi alienandi vel ad posteros transmittendi livero potiaris arvitrio.

Quam / donationem Marciano v. c. notario nostro scribendam dictavimus cuique Andromachum v. i. et magnificum, magistrum officiorum, consiliario nostro pro / nobis suscribere jussimus, tribuentes adlegandi fiduciam, ita ut a tuis actoribus fiscalia tributa solvantur.

Actum Ravenna, s. d. quintodecimo / kal. Aprilium, Probino v. c. consule.

(et alia manu suscribtio): Incolumem sublimitatem tuam divinitas tueatur, domine inlustris et magnificae frater. /

Regestum s. d. et loco quo supra.

Magistratus dixit: „Quod lectum est, actis indetur", et adjecit[1]: „Secundum petitionem vestram vel tenorem paginae regiae largitatis / recitate necessae mae est, una vobiscum, et praesentes principales viros [et][2] exceptorem pergere ad Marcianum v. c. notarium regiae sedis, ut dum pagina / donationis quae recitata est, hostensa fuerit eius nobilitati adque relecta, si a sua honorificentia conscribta regio jussu agnoscit vel v. i. magistrum / officiorum et consiliarium regni ejus Andromachus suscribsisse nobit[3], his actis absque sui injuria edicere non gravetur."

Cumque ad Marcianum v. c. / perventum fuisset adque eidem paginam largitatis hostensa et relecta est,

Marcianius, v. c. notarius d. n. praecellentissimi regis Odovacris, dixit: / „Paginam regiae largitatis, quae mihi hostensa adque relecta est, iussu regni eius a me scribtam agnosco, in qua etiam ex praecepto regio v. i. / et magnificus magister officiorum et consiliarius d. n. Andromachus suscribsit et praecepit eam adlegari his actis profiteor."

Et paulo post / [3] regressum ad publicum praesentibus quibus supra magistratus dixit: „Accepta responsione Marciani v. c. notarii, quid nunc praesentes actores fieri / desiderant?"

Actores v. i. et. m. Pieri dixerunt: „Petimus laudabilitatem vestram, ut gesta nobis a conpetenti officio edi jubeatis / ex more."

Aurelius Virinus magistratus dixit: „Ut petistis, gesta vobis edentur ex more." [Et alia manu suscribtum fuit:] Melminius Asinius / pro Aurelio Virino magistrato gesta aput eum habita recognovi.

[4] — —. Et cum hodie ambulassent et pervenissent / ad singula praedia, adque introissent — — et inquilinos sive servos et circuissent omnes fines, terminos, agros, arbos cultos / vel in cultos seu — — —, et traditio corporalis celebrata fuisset actoribus Pieri v. i. nullo contradicente, et alio die ad civitatem reversi fuissent et / in publicum pervidissent[4], magistratos Amantius v. p. decemprimus dixit: „Secundum praecepta regalia vel sublimia adque jussionem vestrae laudabilitatis / perreximus ad praedia, quae superius continentur et praesentibus actoribus, una cum praesenti Gregorio v. d. char-

---

[1] adi *Marini*, a djs *Maßmann*. [2] ad *Or*. [3] nobis *Marini*, nodit *Maßmann* (*der die alte b-Form stets als d liest*). [4] *wohl statt* pervenissent.

tario, traditionem fecimus, nullo contra/dicente, et ideo oportet praesentes actores inter acta vestrae gravitatis fateri, ubi traditionem facta[m] praediorum suprasciptorum et si parati sunt, pro isdem singulis/quibusque annis fiscalia conpetentia persolvere." /

Magistratus dixerunt: „Audierunt praesentes actores prosecutionem Amanti v. p. xprimi, fratris et concurialis nostri, et quid ad haec dicunt?"

Actores Pieri v. i. dixerunt: / „Certum est nobis per praesentem Amantium decemprimum atque Gregorium v. d. chartarium tratitionem nobis factam praediorum s. s. nullo contradicente / et parati sumus singulis annis pro eadem praedia fiscalia conpetentia solvere, unde rogamus, uti jubeatis a polypthicis publicis nomen prioris dominii / suspendi et nostri dominii adscribi. Gesta quoque allegationis praceptorum adque traditionis nobis cum vestra suscribtione edi jubete." /

[5] Fl. Annianus v. l., Zenon v. v. et Petrus v. p. xprimus agentes magisterium profiliis suis dixerunt: „Confessionem praesentum actorum Pieri v. i. acta retinebunt, unde erit nobis cura, de vasariis publicis nomen prioris domini suspendi / et vestri dominii adscribi. Gesta quoque actionis cum nostra / suscribtione vobis dabuntur ex mori."

---

9. Fl. Constantinus Theofanes an den Tribunen zu Hermupolis.

[505.]

Anweisung in Aushebungssachen auf Grund eines Erlasses des Kaisers Anastasius.

Or. Papyrus aus Ägypten (am vorderen Rand verstümmelt): Manchester, John Rylands library.

Facs. u. Edition: Brandi, Archiv f. Urkundenforschung V, 269. Schiaparelli I, 50. S. 78.

[† Fl. Cons]tantinus Theofanes, comes et vir inlustris, comes devotissimorum virorum domesticorum et rei militaris Thebaici limitis,

[- - -] sive Theodoto /, viro devotissimo, tribuno Hermupoli degenti. /

[- - - -] sacra jussione domini nostri Anastasii, piissimi ac triumfatoris semper augusti / [- - -] numeris supplementi causa junioris robustis corporibus adsociarentur, Heracleon, filium Constantinii / [- - de] civitate Hermupolitana, in vexillatione prudentiae tuae pro tempore credita edictio mea [recipere praecipit / eiusqu]e nomen, si ex gene*re ortus*[1] militari et neque curialis, nec praesidalis est, nec invecillo corpore / [- -] nec censibus adscribtos, matriculis eiusdem numeri inseri facito, annonas ei ex die

---

[1] ex geneoritu *Or.*

iduum / [- - -] Sabiniano et Theodoro, viris clarissimis, consulibus, ministrari curaturus, cum [- - - / - -] suis muniis militaribus operam navaturo, ita tamen, si octavum decimum annum [peregi]sse dinoscitur /.

[*2. Hand*] † Bene vale.

[*3. Hand*] † Complevi. [- - -]

[*Texthand*] Bene vale.

---

10. Diakon Gudilaib, ein Ostgote.

[um 550.]

Römisch-rechtliche Verkaufsurkunde mit Stipulatio und Sponsio.

Or. (*verstümmelt*) *verschollen.*

Facs. (*nach Gori, inscr. ant. 1731*)*: Maßmann, Die gotischen Urkk. v. Neapel u. Arezzo, München 1837, Sp. 11* (*u. Tafel, f. d. verwandte Urk. v. Neapel*).

Ed.: Marini Nr. 118. Maßmann, Sp. 16. Unterschriften auch Heyne-Wrede, Ulfilas, 230.

- - - - Caballariae appellatur - - - cum portione aedificii et omni jure earum omnibusque ad se pertinentibus, sicut ab eo jure [possidetur, inter] *af*fines: fundum Villa magna, quod est juris veteris senioribus suorum, et fundum Quarantula, quod est juris Constantii v. d., qui nunc sunt, *et si qui alii sunt vel* ab origine fuerunt *qua quemque tangit et populum* Angelfrid - - - - obvenisse dixit.

Quas suprascriptas quatuor uncias suprascriptae cum portione aedificii et omni jure instructo instrumento *quoque* earum omnibusque ad se pertinentibus optime *maximeque* sunt cum finibus omnibus terminisque earum, campis, pratis, pascuis, silvis, salicetis omnibus, vineis, arbustis, arboribus fructiferis diversi generis limitibusque *suis* omnibus, omnique jure proprietario et usu, sicut a suprascripto venditore possessa sunt atque nunc usque in hodiernam diem possidentur - - -

- - inque vacuam possessionem quatuor unciarum fundi suprascriptae Caballariae cum portione aedificii, is idem v. v. Gudilebus diaconus *venditor*, omnes *suos* inde exisse et cessisse discessisseque dixit et eundem v. v. Alamud d[iaconum], comperatorem, actoresque eius in rem ire, mittere, ingredi possidereque permisit, sicut alio dipplom*um* vacuali [!] super ac re scrib*to* consignatoque plenissime continetur, nummum usualem domini Con[stantini] imperatoris Constantisve - -, - - testibus suscribetur.

Quam distractionem juris traditionisque causa accepit qui supra venditor ab eodem comperatore juxta placitum suum definitivum pretii nomine, id est auri solidorum centum triginta tres tantum.

De quo omni praecio percepto nihil sibi idem venditor ab eundem emptorem aliquid amplius redhiberi dixit et profitetur, nullum se in posterum heredesque suos adversus eundem emptorem, procuratorem, eredes successoris[que] eius desuper ac re aliquam aliquando causam, rem, litem, actionem, petitionem, repetitionem, controversiam in rem vel in personam habere habiturumve esse.

Quas suprascriptas quatuor uncias fundi suprascripti, quae hodierna die distractae erunt cum portione aedificii, sub evictione lege dupli bona perpetua, easdemque liberas, inlivatas ab omni nexu fisci, populi, privativo et ab aere alieno ceterisque honeribus, sed et a titulo dotali aut tutellario nomine alienas esse dixit adque promisit.

Quodsi suprascriptae quatuor unciae vel quod interest a qualibet persona sive proprietatis sive usufructus gratia inquietati fuerint vel evictae, tunc hos centum triginta tres solidos, quos praetio numeratos suprascriptus accepisse dixit, sed et alterum tantum numerum solidorum evictionis nomine et rei quoque meliorataε, instructae, aedificataeque idem venditor eiusque heredes emtori heredibusque eius cogantur inferre, vel quantum emtori suprascripto interfuit inquietari, evinci aut rem minime debuisse, huic venditioni dolum abesse afuturumque esse, promisit *in metu et circumscriptione cessante, de qua re* et de omnibus suprascriptis, stipulatus est v. v. Alamud -- diaconus, comparator, spopondit v. v. Gudilebus diaconus, venditor.

Actum die et ter. p. c. suprascriptis.

Ik Gudilaib .dkn. þo frabauhtaboka fram mis gavaurhta þus .dkn. Alamoda fidvor unkjane hugsis Kaballarja jah skilliggans .rlg. andnam jah ufmelida.

Ego Constantius --- his instrumentis quatuor unciarum fundi suprascripte Caballariae, a suprascripto rogatus Gudilebo diacono vinditore, testis subscribsi et suprascriptos centum triginta tres solidos praetium ei traditam vidi in prs.

Signum † Leontii Guic ---- testis, qui et suprascriptum praecium ei traditum vidit et --- fundi suprascriptae Caballariae, rogatus scripsit.

Signum † Donati Guic ----- [testis] qui et suprascriptum praecium ei traditum vidit et --- fundi suprascriptae Cavallariae, rogatus a suprascripto Gudilivo.

11. Gesta municipalia.

nach 552, Januar 13, Ravenna.

Testamentseröffnung und Ausfertigung auf Antrag der Defensores der Kirche von Ravenna.

Or. Papyrusrolle (Fragm.), in 8 Col. beschr.: Paris, Bibl. nat. 8842. Facs. (der Col. 6) Arndt[-Tangl], Schrifttafeln I, 2, (des Schlusses) Marini, i papiri dipl. Tab. III. Brandi, Unsere Schrift (Göttingen 1911), 29 (verkleinert).

Ed.: Marini Nr. 74. Im folgenden sind nur Col. 5, 6, 7, 8 der überlieferten Rolle abgedruckt; ein anderer Teil bei Bruns, Fontes, S. 317. — Zu den Gesta municipalia vgl. Brunner, Zur Rechtsgeschichte der röm. u. germ. Urk. (B. 1880), 139. A. Steinwenter, Beiträge z. öffentl. Urk.wesen d. Römer, 1915.

[5] Undecies p. c. Basilii jun. v. c. s. d. id. Ianuar /.

Ravennae apud Melminium Andream v. c. def. civ. Rav. et Pompulium Bonifacium v. l. et iterum mag., praesentibus Melminiis Cassiano v. c., Bonifacio Theodosio et Plauto / Pompulio vv. ll.

Ammonius v. c. rogatarius, dixit:

„Dum Georgius v. d. clm̄. ā. Olosiricoprata civ. Rav. suam conderit voluntatem, suscribtam testibus atque signatam mihi eam coram ipsis / [testibus] credidit *commendandam*,[1] — — — [*quamque*] — prae manibus gero, a [*vobis peto*] optimi def. et electissimi magistratus, ut eandem a com/[6]petenti officio suscipi jubeatis et testibus / praesentibus, ostendi ut si signacula vel superscribtiones suas / recognoscent, singuli edicere non morentur, tunc demum / ipsam cartulam testamenti resignari praecipiatis, linum incidi / aperiri et per ordinem recitari faciatis, ut intrensicus / possit agnosci voluntas defuncti."

Melminius Andreas / v. c. def. civ. Rav. et Pompulius Bonifacius v. l. et iterum mag. dixerunt /:

„Primitus suscipiatur carta testamenti quae offertur / et testibus praesentibus ostendatur, [ut si signacula vel superscriptiones suas recognoscunt, singuli edicere non morentur."

Cumque] carta testamenti / suscepta fiat et testibus praesentibus ostensa,

Johannis, v. c. / proemptor dixit: „In hac voluntatem interfui, in qua agnosco / anuli mei signaculum, quam superscribtionem meam / et infra suscribsi."

---

[1] *Das Folgende stark zerstört. Zur Sache vgl. den Eröffnungsvermerk auf dem Or. Testament, das bei Marini N. 75 gedruckt ist*: [Pos]t commendat[ionem] Iohannis v. st. res[ignatum] est s. d. kal. Aprilium imp. d. n. Iustino pp. Aug. anno X., p. c. ejusdem secundo anno septimo, indictione octava, Rav.

Vitalis v. c. rogatarius dixit: „Et ego interfui / huic testamento in quo agnosco mei anuli signaculum, quam / superscribtionem meam et infra suscribsi."

Theodolas v. c. / olosiricoprata dixit: „Pleriquae et ego interfui in hac voluntate, in qua agnosco anuli mei signaculum super/scriptionem meam graecis litteris et infra suscribsi."

Ammonius v. c. rg. dixit: „Manifestissimae et ego interfui in hoc testamentum, in quo agnosco mei anuli signaculum, / quam superscribtionem meam nec non et intrensicus suscribsi."

Laurentius v. h. gunnar[ius] dixit: „Et ego cum ante vocatis viris interfui huic voluntati, in [qua agnosco anuli] / [mei] signaculum, quam superscribtionem meam, sed et intrensicus suscribsi.

Georgius v. c. rg. dixit: „Et me constat una cum supradictis viris interfuisse huic testamento, in quo / agnosco mei anuli signaculum, superscribtionem meam, verum etiam et infra suscribsi."

Theodorus v. h. rg. dixit: „Certum est me cum suprascriptis viris interfuisse in hac voluntate, / in qua agnosco anuli mei signaculum, quam superscriptionem meam quique et intrensicus suscribsi."

Defensor, Quinquenn[is] et iterum mag. dixerunt:

„Quoniam de agnitis signaculis vel superscribti/onibus testium responsio patefecit, nunc carta testamenti resignetur, linum incidatur, aperiatur et per ordinem recitetur."

Et inciso lino ex off[icio] rec[itatum] est:

Imp. d. n. Iustiniano pp. Aug. / anno XXV, undecies p. c. Basili jun. v. c. s. d. III. nonar. Ianuariar. indict. quinta dec. Ravennae.

Providae suae disponet arbitrium, qui mentis sui corporis integritate consistens voluntatis suae arcana prodederit, [nam propter] aegritudinem morbis mens solidum non potest habere / judicium.

Itaque ego Georgius, v. d. olosiricoprata civ. Rav. fil. v. d. Juliani de civ. Anthiocia, sanam habens mentem sed et / [7] linguam vel sensum gravi egritudine detentus, agnoscens tam[en] in omnibus introeuntes et exeuntes at meam visitationem, metuens emergentes casus humanos, timens ne me in/ordinatom occupet mors, hoc meae voluntatis condidi testamentum, quem etiam Deusdedit for. civ. Classis Rav. noto amico quoque meo scribendum dictavi, in quo subter, postquam / ad singula quae iussi scribsi ab eodem scribtorem mihi relicta fuissent, diligenter intelligens, faciente nequissima egritudine podagrae quia suscribere non potui signum tamen / beatae crucis ut potui coram testibus inpressi, testium quoque rogatorum numero competenti ad hanc tantum causa scientium quur venirent uno tempore et uno eque in loco sub meo/rum visione conspectuum suscribtionibus signaculisque firmam, quem claudi signarique praecipi et valere jussi.

Quod testamentum meum, si quo casu jure civili seu praetorio vel novel/larum legum aut nuper datarum vel alia qualibet juris ratione valere nequiverit, etiam ab intestato vice codicellorum meorum valere volo; hac jubeo praemissa[1] in omnibus capitu[lis] / generari, quam ratam firmam stabilemque ac voluntatem meam in perpetuo in omnibus esse praecipio; quisquis mihi heredes erit heredisve erunt, ego eorum omnia fidei comitto / quod cuique hoc testamentum meum dedero legavero darive iussero

fieri mandavero fideive conmisero, ut id ut detur fiat praestitur fidei heredum meorum conmitto. / Quoscumque autem liberos esse jussero vel voluero, hii liberi sint toti fiantque. Si quos codicellos in carta membrana aliave qua materia conscribturus reliquero, satis firmi / stabilisque sint totae, eosque perpetuam optinere desidero et de legibus firmitatem.

Te itaque sanctam catholicam matrem Rav. ecclesiam, in qua omnes populus cristianus exorat / remedia peccatorum, in decem unciis substantiae meae heredem constituo.

Fl. Aurelianus vir gl. el[ectissimus] o[ptimus] et iterum Petrus Taurinus et Johannis dixerunt:

„Quae lecta sunt, gesta / suscipiant. Quid autem aliud adstantes defensores fieri desiderant?" /

[8.] Domesticus, primicerius notariorum, et Thomas secundocirius idem notariorum una cum Cypriano et Thomate, defensoribus ecclesiae sanctae catholicae Ravennatis, / per unum ex se Thomatem, secundocirium, dixerunt:

„Gratias agimus gloriosae potestati, quia petitionem nostram ad effectum congruum per/duxistis. Nunc petimus, ut ex his quae acta sunt, gesta nobis edi propitii censeatis!"

Fl. Marianus Michaelius Gabrielius Petrus Johannes Narses Aurelianus Limenius Stefanus Aurelianus vir gl[or.] e[lectissimus] et o. et iterum Petrus Taurinus Johannes dixerunt:

„Gesta vobis ex[2] his quae acta sunt competens ex more edere curavit officium."

+ Edantur.

edantur.

Fl. Severus, exceptor pro Bonila praerogativario edidi.

---

12. Papst Gregor I.

[599. Jan. Rom.]

Schenkung eines Sklaven an Felix, Bischof von Porto.

Cop. in den HSS. des Registrum Greg. (IX, 98).
Ed.: Mon. Germ. Epist. II, 107. — JE. 1623.
(Vgl. lib. diurnus, form. 36. 71: de concedendo puero.)

Gregorius Felici episcopo Portuensi.

Caritatis vestrae gratia provocati, ne infructuosi vobis videamur existere, praecipue cum et minus habere vos servitia noverimus, ideoque Johannem iuris ecclesiastici famulum, natione Savinorum

[1] praemisso *Marini.* [2] lex *Marini.*

ex massa Flaviana, annorum plus minus decem et octo, quem nostra voluntate diu iam possides, fraternitati tuae iure directo donamus atque concedimus, ita ut eum habeas, possideas atque iuri proprietatique tuae vindices atque defendas, et quicquid de eo facere volueris, quippe ut dominus, ex hac donatione iure perfecta libero potiaris arbitrio.

Contra quam munificentiae nostrae cartulam numquam nos successoresque nostros noveris esse venturos.

Hanc autem donationem — — notario nostro perscriptam delegimus atque subscripsimus, tribuentes etiam non expectata professione vestra quo volueris tempore allegandi licentiam, stipulatione et sponsione interposita.

[*Subscriptio, fehlt.*]

Actum Romae.

---

13. Aus dem Liber diurnus der Römischen Kirche.

Anfang des VII. Jahrh. (nach 625).

Ordination des Papstes. Wahlanzeige an den Kaiser.

Cod. Vat. (Ende des VIII. Jahrh.): Rom, Vat. Archiv (fol. 35 ff.). Facs. eines Blattes und Ed.: Th. Sickel, Liber diurnus Romanorum pontificum (Vindobona 1889), S. 46 ff.

LVII. De ordinatione pontificis.

Psallunt secundum consuetudinem; procedit electus de secretario cum cerostatim septem et venit ad confessionem et post letania ascendit ad sedem, simul episcopi et presbiteri. Tunc episcopus Albanensis dat orationem primam, deinde episcopus Portuensis dat orationem; postmodum adducuntur evangelia et aperiuntur et tenentur super capud electi a diaconibus. Tunc episcopus Ostensis consecrat eum pontificem. Post hoc archidiaconus mittit ei pallium. Deinde ascendit ad sedem et dat pacem omnibus sacerdotibus et dicit: Gloria in excelsis deo.

LVIII. De electionem pontificis ad principem.

Cum non sine divine misericordiae nutu sit, ita post mortem summi pontificis in unius electione omnium vota concurrere et convenire consensus, ut nullus penitus inveniretur qui discors possit existere, necessarium est, ut serenissimo ac piissimo domino petitionis nostrae famulanter debeamus preces effundere, quem certum est et de subiectorum suorum gaudere concordia et clementer unitati postulata concedere.

Obeunte itaque beatissime recordationis papa nostro — illo

— in electione — illius — venerabilis apostolice sedis archidiaconi omnium, deo volente, declinavit asensus, propter quod ita ab ineunte etate sua eidem ecclesiae militavit atque sic se in omnibus sollerter exhibuit, ut ecclesiastico regimini non inmerito divina suffragante sit gratia preponendus, presertim dum talius olim fuerit instituti, ut etiam predicti beatissimi — illius — pontificis assidua conversatione sua ad tantorum meritorum insignia, quibus isdem sancte recordationis antistes fuisse cognoscitur adornatus, fecerit, Christo adiuvante, proficere et verbis suis desiderantis ad superna gaudia eius animos semper accenderit, ut quicquid boni in illo amisimus, in hoc nos invenire indubitabiliter confidamus.

Ideoque lacrimabiliter cuncti famuli supplicamus, ut dominorum pietas servorum suorum obsecrationem dignanter exaudiat et concessa pietatis suae iussione petentium desideria pro mercede imperii sui ad effectum de ordinatione ipsius precipiat pervenire, quatenus per sacros clementiae vestrae apices sub pastore eodem constituti pro vita imperioque serenissimorum dominorum nostrorum omnipotentem dominum et beatum Petrum apostolorum principem, cuius ecclesiae dignum ordinari gubernatorum cenceditis, iugiter exoremus.

(Subscriptio sacerdotum:) Ego — ille — misericordia dei presbiter sanctae Romane ecclesiae huic decreto a nobis facto in — illo — viro venerabili archidiacono sanctae sedis apostolice et electo nostro consentiens subscripsi.

(Subscriptio laicorum:) Ego — ille — pietatis vestrę servus huic decreto a nobis facto in — illo — viro venerabili archidiacono sanctae sedis apostolicae et electo nostro consentiens subscripsi.

[LIX —ff.] —

---

14. Theuderich III., König der Franken († 691).

688, Oct. 30. Compiègne.

Schenkung von Lagny-le-Sec (Oise) an das Kloster St. Denis unter Immunität.

Or. Perg.: Paris, Arch. nat. K. 3, no. 2.
Facs. u. Ed.: Lauer et Samaran, les dipl. orig. des Merov. (Par. 1908), 17. (Mon. germ. Dipl. I, 51; *Arndt-Tangl, Schrifttafeln I, 10.)*

C§ Theudericus, rex Francorum, v[ir] inl[uster] § /.

Dum et nobis divina pietas ad legitema etate fecit pervenire et in solium regni parentum nostrorum succidire, oportit nobis et condecit, pro salute anime nostre cogitare dibiamus.

Ideoque vestra cognuscat industria, quod nos / pro salute anime nostre una cum consilio ponteficum vel obtimatum nostrorum villa noncopanti Latiniaco, que ponitur in pago Meldequo, qui fuit inlustribus viris Aebroino, Uuarattune et Ghislemaro, quondam majores domos nostros, / et post discessum ipsius Uuarattune in fisco nostro fuerat revocata, nos ipsa villa de fisco nostro, ad suggestionem precelse regine nostre Chrodochilde seo et inlustri viro Berchario majorem domos nostro,

ad monasthirio sancti / domni Dionisiae, ubi ipsi preciosus in corpore requescit et venerabilis vir Chaeno abba cum norma plurema monachorum ad laudis $\overline{\text{xpi}}$ canendas in ordine sancto ibidem adunata, preesse viditur, pro remedium anime nostri, plena / et integra gracia, prepter rem illa in loco qui dicitur Siliacos, qui fuit Arulfo quondam et ibidem usque nunc ad ipso Latiniaco aspexit, quem apostholico viro domno Godino episcopo per alia nostra precepcione concessemus, in reliquo viro / ad integrum ipsa villa Lartiniaco ad ipso monasthirio domni Dionisiae ad die presenti visi fuimus concessissae.

Quapropter per hunc preceptum nostrum decernemus ordenandum et perpetualiter volemus esse mansurum, / ut ipsa villa superius nomenata Latiniaco, cum terris, domebus, mancipiis, accolabus, viniis, silvis, campis, pratis, pascuis, farinariis, aquiis aquerumve decursebus, peculiis utriusque genere sexsus, cum ad/iecenciis, adpendiciis vel reliquis quibuscumque beneficiis, omnia et ex omnebus rem exquisita, sicut ad suprascriptas personas fuit possessa vel postia in fisco nostro revocata cum omne integretate vel solede/tate sua ad se pertenentis vel aspicientis, prepter suprascripta rem in Siliaco, qui fuit ipsius Arulfo vel iamdicto pontefici per nostra precepcione concessemus, in reliquo viro predicta villa Latiniaco ad inte/grum sub emunetatis nomine absque introitus judicum memoratus Chagno abba ad parte predicti monasthiriae suae sancti Dionisiae per hanc nostram cessione in lumenarebus ipsius basilici habiat con/cessa adque indulta.

Et deinceps in postmodum nec de parte de fisci nostri, nec ad quemcumquelibet persona nec per strumenta cartarum, nec per quolibet ingenium ipsa villa de ipso monasthirio / nullatenus abstraatur nec auferatur, sed sicut superius dixemus, pro nostra mercide ibidem in perpetuo in dei nomine proficiat in augmentis, quo fiat ut et nobis ad mercidem perteniat et ipsis servis / dei qui ibidem deservire vidintur, delectit pro anime salutem vel rigni nostri constancia adtencius domini meserecordia deprecare.

Et ut hec precepcio cessio nostra firmior habiatur et melius / per tempora conservitur, manus nostri subscripcionebus subter eam decrivemus roborare.

[*eigenhändig*] C. [*dazu in tiron. Noten*: Jesu Christe] Uulfolaeus jussus optolit [*dann in tiron. Noten*] Uulfolaeus et Berharius majore domus.[1]

[*eigenhändig:*] ☧ In XPI nomene Theudericus rex subscripsi. ☧

[*Siegel u.*] Bene valete.

Data sub die tercio kal. Novembris, annum XVI rigni nostri, Compendio, in Dei nomine, filiciter.

---

15. Aus den Formulae Marculfi.

[Ausgang des VII. Jahrhunderts.]

Handschriften des IX. Jh.: Mon. Germ. Leg. V. Formulae ed. Zeumer (Hann. 1886) vgl. Tab. I. Im folgenden je eine Probe aus dem ersten Buche (Cartae regales) und dem zweiten (cartae paginses), S. 47 und 90. Zu a vgl. oben N. 7 und 13. Zu b vgl. N. 3 und 12.

a) Consensus civium pro episcopatum.

Suggerendo piissimo ac precellentissimo domno — illo — rege vel seniore commune — illo —

a servis vestris, quorum subscribtionis vel signacula subter tenentur inserte.

Principalitatis vestrae circumspecta clementia novit justa petentibus dignanter adnuere, suo moderamines juditio ponderante, presertim cum illa deposcuntur generali preci cunctorum voci communiter, que proficiat constanter ecclesiae regimini populari, qui et ipse regale clementiae prosit salutis pariter ac mercedes.

Quoniam sanctae memoriae vir apostolicos — ille —, — illius — urbis episcopus, finem adpropinquantem, ab hac luce migravit tempore naturae conplenti, ne distututae sint quod absit oves decidente pastore in loco eiusdem suppliciter postolamus, ut instituere dignetis inlustrem virum — illum —, *aut* venerabilem — illum —, cathedrae — illius — successorem, in quo est praespicuetas sublimis, ingenuetas nationis, elegantia refulgens, diligentia castitatis, caritatis locuplex. Volontatis inrefragabiliter manos nostrae hunc consensu decrevimus roborare. [I, 7.]

b) Vindicio de servo aut ancilla.

Domino fratri — illo — illi.

Constat me vobis vindedisse et ita vindedi servo juris mei (*aut* ancilla) — nomen illa —, non furo, non fugitivo neque cadivo, sed mente et omni corpore sano, pro quem accepi a vobis in precio, juxta

---

[1] *Von Jusselin (Bibl. de l'ecole des ch. LXVI, 361) gelesen:* Ordinante domno et Berehario majore domus.

quod mihi complacuit, auri solidos probus atque pensantes numero — tantum —; et ipso servo vobis presentaliter tradedi possedendum ita ut ab hac die habendi, tenendi vel quicquid exinde decreveris faciendi liberum pociaris arbitrium.

Si quis vero, quod futurum esse non credimus, ego ipse aut aliquis de heredibus meis seu qualibet persona contra hanc vindicionem venire temptaverit aut eam infrangere voluerit, inferat tibi cum cogenti fisco auri — tantum —, vel quantum servus ipse eo tempore melioratus valuerit, et haec vinditio omni tempore firma permaneat, stipulatione subnexa.

[Actum — illo —, sub die — illo —, anno — illo —].

---

16. Johannes de Crescentio.

s. VII./VIII. Rom.

Schenkungsinschrift mit feierlichem Anathem.

Or.-Inschrift in S. Barbara a libraris, Rom.
Facs.: E. Diehl, Inscriptiones latinae (Bonn 1912) 38b.

† In n dni nri ihu XPI.

Ille p̄sidet bene / reb. ĩ sclo qui sibi de caduci' cōparat / p̄mia sēpitna, et de reb; transitoriis mercat̄ caelestia.

Proĩde ego joh̄s de cre/scentio de roizo cū c̄iuge mea rogata / pro redēptione anime nr̄ae et parentū ōiū / nr̄orum, renuntiam' et emittim' ecclā be/ate Barbarae virgn̄. tibi dn̄o ihu XPO / cū ōia sua ptinentia. Et nullā c̄di/cione nec ad nullū hominē c̄cedim' / aliquā potestatē nec iure ĩ nullā / eccl̄am.

Si qui' c̄tra hanc refutationē / quā sponte fecim' causare voluerit,/ anathema sit et abead partē c̄u / Juda traditore et ōs qui ĩ nece dn̄i c̄spiraverunt usq; dū emenda/verit.

Fiat. fiat. fiat. Agathe.

---

17. Beate, Tochter Rachinberts, Gemahlin Landolds.

744, Nov. 9.

Verkauf von Gütern an St. Gallen, mit Zustimmung ihres Mannes, zum Zweck der Romfahrt.

Or. 1: Bremen, 2: St. Gallen.
Facs. — [vgl. andere St. Galler Urkunden bei Arndt-Tangl III.]
Ed.: Wartmann, Urkundenbuch der Abtei St. Gallen. I. (Zürich 1863), 11 (N. 10).

Sacrasancta ecclesia sancti Galloni confessoris, quod in Arbonense pago constructa videntur, ubi corpus eius in Christo requiescit, et Otmarus abba cum monachis sancti Gallonis ibidem deservire videntur.

Ego in Dei nomine Pieta, filia Rekinberti condam et Atani uxori sui, talis mihi decrevit voluntas, conpuncto corde Dei timoris et animę meę remedium vel patris adque genetricis mei, ad ecclesiam Sancti Galloni confessoris condonare debuerem, quod et ita feci in locellas pretestinatas in pago Durgaugense, in sito qui dicitur Zurihgauvia.

Haec sunt nomina locorum: Cella Nuzperech et in loco Luzilunouva, quod est juxta Ubinauvia, et in loco qui dicitur Centoprata, et in loco que dicitur Utcinaha, et in villa qui dicitur Altdorf et in loco qui dicitur Hreotinchova, et in loco qui dicitur Smarinchova et in loco qui dicitur Nancinchova et in loco que dicitur Perolvinchova, quicquid ego, vel pater meus ibidem habere videntur,

haec omnia et ex integro, tam de paternico meo, quam et de maternico, vel mea adquesitione et viro meo Landoaldo in his locis supernominatis, per cujus consensum hoc facio, omnia et ex integro a die presente de juris mei in dominatione Sancti Galloni confessoris vel Otmaro abbate et monachis ibidem deservientes in vestram trado dominationem habendi, vintendi, commutandi, cum domibus aedificiis, casis, casalibus, mancipiis, servis, ancillis, acolabis, campis, pratis, pascuis, silvis, pecoribus, ortiferis, pumiferis, aquis aquarumque decursibus, mobilibus adque inmobilibus, cum omnia adjacentia earum, haec supernominata ecclesia et rectores ejus habeant ad possidendum,

et accipimus ab hac ecclesiam et abbate Otmaro vel ejus monachis precium adtaxatum, hoc est auro et argento, solidos LXX et cavallos V cum saumas et rufias et filtros cum stradura sua ad nostrum iter ad Romam ambulandum.

Et si Dominus voluerit, quod ad propriam revertissem, hoc quod dedi supernominata loca per eorum beneficia, qui ad illum monasterium deserviant, ut mihi in prestitum illas res concedant; post meum vero discessum ipsas res ad monasterium sancti Galloni admelioratas revertant absque ulla contradictione vel minuatione manu vestita partibus meis vel heredum meorum cum Dei gratia et nostram successionem possedeant.

Si quis vero quod fieri non credo, si ego ipsa aut ullus heredum meorum vel postheredum vel quislibet ulla opposita persona, qui contra hanc cartam a me factam temptare presumpserit, sociante fisco multa conponat, id est auri libras quinque et argenti pondura decim coactus exsolvat et ad ipsa casa Dei repetitione dupla restituat et quod repetit pernullisque ingeniis evindicare non valeat, sed hęc presens epistola firma et stabilis debeat perdurare omni tempore, cum stibulatione subnixa.

Actum Babinchova monasterio, presentibus quorum hic signaculo contenuntur.

† Signum Bietani filia Rekinberti condam, qui hanc traditionem fieri adque firmare rogavit.

† Sig. Bebone comitis. † Sig. Arnefrido abbatis.

Sig. Muningo teste. † Sig. Erchanberto test. Sig. Otto test. Sig. Rihberto test. † Sig. Buta test. Sig. Rohberto test. Sig. Blidgaero test. Sig. Waloni test. Sig. Amalrico test.

Ego in Dei nomine Hiringus, lector, rogitus a Biatane, anno III. regnante Hiltrihho rege, sub Carlomanno majore domo et Bebone comite scripsi et subscripsi.

Notavi sub die quod fecit November dies VIIII.

---

18. Fälschung auf den Namen Pippins, für Fulda.

[angebl. 753, Juni.]

Bestätigung des Zachariasprivilegs.

Urschrift des 9. Jh. (Fälschung Rudolfs von Fulda, vor 856): Marburg, St.-Arch.

Facs.: Kopp u. Sickel, Schrifttafeln 1; Herquet, Spec. Tab. 1. (ältere verzeichnet Stengel).

Ed.: Mon. Germ. Dipl. Karolin. I, 44 (No. 32). Stengel, Urk.-B. des Kl. Fulda I (1913), 20† (S. 39 ff.) mit reichem Apparat.

Über die Entstehung der Fälschung vgl. Tangl, Mitt. d. Inst. f. ö. Gesch. XX, 193 u. Stengel, Fuldensia, Arch. f. Urk.-Forsch. V. (1914).

C. Pippinus rex Francorum, vir inluster,

Bonifatio archiepiscopo et legato Germanico ab apostolica sede directo.

Quia veneranda paternitas tua nostram excellentiam postulavit pro monasterio quod a te noviter constructum est in solitudine Boconia juxta fluvium Vuldaha in loco quem beatae memoriae Carlomannus, germanus noster, legitima donatione tibi concessit, ut sicut ex auctoritate Sancti Petri principis apostolorum pro quo legatione fungeris, privilegio sanctae sedis apostolicae sublimatum esse constat, ita etiam nostrae auctoritatis praecepto roboretur, placuit nobis p[e]titionibus tuis assensum praebere.

Et ideo hanc nostrae praeceptionis seriem ob honorem[1] dei et venerationem sancti Petri[2] conscribi jussimus, per quam privi-

[1] horem *Urschrift.* [2] Peri *Urschrift.*

legium sanctae sedis apostolicae a beato papa Zacharia tibi collatum cum consensu episcoporum ceterorumque fidelium nostrorum per omnia roboramus praecipientes, ut nullus sacerdotum in regno nostro divinitus nobis concesso in praefato monasterio dicionem aliquam sibi vindicet, praeter sedem apostolicam, ita ut, nisi ab abbate monasterii fuerit invitatus, nec missarum ibidem solemnia quisque celebrare praesumat, sed juxta id quod subjectum constat apostolicae sedi firmitate privilegii, inconcusse roboratum permaneat, locis et rebus, tam eis quas moderno tempore tenet vel possidet, quam quae futuris temporibus juri ipsius monasterii divina pietas augere voluerit ex donis et oblationibus decimisque fidelium absque ullius personae contradictione firmitate perpetua perfruatur.

Si autem quispiam huic nostrae auctoritatis praecepto repugnare voluerit, sententiam apostolicae districtionis, quae in privilegio expressa est, experiatur et tamen hoc, quod ob amorem dei et venerationem sancti Petri nostra auctoritate firmavimus, stabile permaneat manu nostra roboratum et tam anuli nostri inpressione quam fidelium nostrorum adstipulatione subnixum.

Signum † Pippini gloriosissimi regis.

† Signum Bonifatii archiepiscopi. † Signum Burghardi episcopi. † Signum Uuillibaldi episcopi. † Signum Lul episcopi. † Signum Eoban episcopi. † Signum Cilimanni episcopi. † Folcremmi presbyteri. † Signum Megingozi presbyteri. † Signum Throandi praefecti. † Signum Liutfridi praefecti. † Signum Hrunzolfi praefecti. † Hroggonis praefecti. † Signum Orentiles. † Signum Thacholfi. † Signum Uuichingi.

C. In dei nomine Baddilo recognovit et ss. [*gefälschtes Siegel*].

Data mense Junio, anno II. regni nostri. Actum Attiniaco palatio publico, in dei nomine feliciter amen.

---

19. Aistulf, König der Langobarden.

755, Juli 20, in curte Lemennis.

Bestätigung und Erweiterung einer Schenkung König Ariberts an S. Lorenzo vor Bergamo.

Or. [*oder alte Copie*]*: Bergamo, Bibliotheca capitolare.*
Facs.: Mon. pal. sacra. Atlante pal.-artist. (*Torino 1899*), *Tav. 12. Steffens, Suppl. 18. — Vgl. Chroust, Untersuch. über d. langob. Königsurkk.* (*Graz 1888*), *35 ff.*

† Flavius Aistulf, vir excellentissimus, rex.

Basilice beatissimi levite martiris / XPI Laurenti, sita foris muros castri nostri Bergomatis, et venerabili viro Benedicto presbitero. /

Detulisti excellentie regni nostri per Godepert subdiac[onum] sancte Bergomatis ecclesie preceptum gloriosae me/moriae antecessoris nostri Ariperti regis, ubi contenebatur eo quod concessuerat in ipsa basilica / casa unam tributariam in finibus ipsius castri Bergomatis locus qui dicitur Calcinate, quae tunc / regebatur per Theoderenem massarium, cum omni adiacentia ad ipsam pertinentem in intecrum, et sug/gessisti quod modo ipse sanctus locus possedeat. De qua re postolasti excellentiam nostram per ipsum Godepert, / ut nostrum exinde rennovationis et firmitatis preceptum emittere deberemus.

Nos viro ipsius / Godepert petitionem obaudientes et anime nostre considerantis mercidem, presentem nostrum precep/tum in ipso verendo loco emitti precipimus, firmantes inibi iamdicto preceptum, qualiter ab ipso / principe emissum est et textus eius legibus continere dinuscitur et nunc presenti tempore possedere / videris.

Nec non etiam sicut nostram postulasti clementiam per suprascripto Godepert subdiacono concidimus ac / donamus in suprascripta ecclesia omnes scuvias et utilitatis, quas homenis exinde in puplico habuerunt / consuitudinem faciendum (excepto quando utilitas fuerit, cesas faciendum ubi consuitudinem ha/buerunt) nam ab aliis scuviis et utilitatibus puplicis quieti permaneant.

Quatinus ab heredibus nostris, / habens cessum et firmitatis preceptum, securus ipse sanctus locus possedeat, et nullus dux, comes, / gastaldius vel actor noster contra hoc nostrum firmitatis et cessus preceptum audeat ire quando / sed omni in tempore stabilis permaneat.

Ex dicto domni regi et ex dictato Andreati notario
scripsi ego Radoald notarius. /

Acto in curte Lemennis, vigisima die mensis iulii, anno filicissimi regni nostri, in dei nomine, septimo, per indicione octaba, feliciter.

---

20. Fälschung auf den Namen Karls d. Gr. für Kempten.

[angebl. 773, April 18.]

Urschrift des 12. Jh. von der Hand eines Reichenauer Fälschers: München, Reichsarchiv.

Facs. —. Schriftprobe: Mitt. d. Inst. f. österr. Gesch. XXI, 106, Taf. 2, 4.

Ed.: Mon. Germ. Dipl. Karolin. I, 298 (N. 223). Nach dieser Ausgabe auch der Petitdruck der aus der entsprechenden angeblichen Urkunde Karls für die Reichenau entlehnten Teile [M. G. Dipl. Karol. 418, N. 281]; charakteristisch die Umarbeitung der Weinlieferung. — BM. 162.

Über Reimprosa, Entstehung und Zusammenhang der Fälschung (auch mit N. 23) vgl. B r a n d i, *Die Reichenauer Urkundenfälschungen 64, 67, 107 ff.* L e c h n e r, *Mitt. d. Inst. f. österr. Gesch. XXI, 41, 72.*

C§ In nomine patris et filii et spiritus sancti. Karolus a deo ordinatus augustus magnus pacificus imperator Romanorum gubernans imperium.

Quoniam principem et defensorem ecclesiarum nos fecit dominus, ne eius ingrati esse videamur gratie, servitium eius augmentare, ecclesias multiplicare, super bene et oportune inceptis§ et constructis, ne posthac destruantur, nos oportet invigilare. Iccirco notum sit omnibus fidelibus nostris presentibus scilicet et futuris, qualiter nos audientes et veraciter cognoscentes plerosque eorum qui ecclesiarum constituuntur advocati, debita potestate in tantum abuti, ut qui deberent esse modesti defensores, impudenter effecti sint rapaces et injuriosi exactores, placuit nostrę providentię in Audogarii venerandi abbatis Campidonensis monasterii suorumque successorum et fratrum, videlicet monachorum, hoc perpetualiter potestate ponere, ut sapientum usi consiliis ex eis, quos inter potentes seculi noverint esse equitatis et modestię amantiores, eligant suis competenter advocatos et defensores, qui nobis parati sint servire et pro ipso abbate in hostem nobiscum pergere. Sed nullus hominum sibi hanc causam vel potestatem presumat vendicare vel quasi hereditariam aut aliquo jure debitam invadere, nisi quem abbatis et monachorum consulta approbatiora velint admittere, eo tamen tenore, ut post fidelitatem regio jure nobis nostrisque successoribus factam, abbati tria sacramenta juret: primum, quod secundum posse et nosse justus ac utilis advocatus in res et homines predicti monasterii existat; secundum, quod quicquid placitando acquisierit, tertia tantum parte sibi retenta, duas abbati reddat et nullum advocatum vel exactorem preter se sine abbatis permissione constituat; tertium, quod nichil privati muneris vel servicii a quolibet loco sive curte seu a cellaerariis quasi ex debito et statuto jure exigat ac mansiones et pernoctationes uspiam frequentare caveat. Quando autem huius commissi [praevaricator] in rebus vel hominibus quod vulgo balmunt dicitur exstiterit, statim et sine mora et sine prejuditio, nisi cito resipuerit, advocatia cum omnibus commodis sine spe recuperationis carebit. Ad unumquemque vero locum, quem abbas ad placitandum ordinaverit, cum duodecim viris et totidem equis advocatus semel tantum in anno, nisi pro aliqua necessitate ab abbate sepius advocetur, suscipiatur ac tunc pro terrę qualitate preter vinum, quod ibi est rarum, honeste procuretur; infra locum autem Campidonensem nullum placitum nisi rogatu et voluntate abbatis unquam statuat, nullum ejusdem domus dei servientem sine abbate vel ipsius consensu ad juditium cogat, nullum de familia sine justa sociorum deliberatione damnet vel coherceat.

Et ut hec firmius credantur et diligentius conserventur, manu propria subterfirmavimus et anulo nostro insigniri jussimus.

§Signum domni Karoli [M] magni imperatoris augusti.§

§Amulbertus cancellarius advicem Luitperti archicapellani recognovi et ss.§

Data anno ab incarnatione domini DCCLXXIII., indictione XI., anno vero regni magni Karoli VI., imperii primo; actum Romae in sancto die pascae, feliciter amen.

21. Karl d. Gr., König der Franken.

777. Januar 7. Herstal.

Schenkung von Hammelburg nebst Aschenbach, Dibbach u. Erthal an Kloster Fulda.

Or.: München, Reichsarchiv.
[*Facs.: Probe bei Schannat, Vindiciae*]. — *Ed.: Mon. Germ. Dipl. Karolinorum I, 162 (N. 116). — U.-B. d. Kl. Fulda I, 77.*

C§ Carolus gratia dei rex Francorum et Langobardorum ac patricius Romanorum.

Quicquid enim ob amore domini et oportunitate servorum dei locis venerabilibus concedimus, hoc nobis ad mercedis augmentum§ vel stabilitatem regni nostri pertinere confidimus.

Quapropter conpertum sit omnium fidelium nostrorum magnitudini, qualiter donamus ad monasterium Fulta, quod est in honore beatorum apostolorum Petri et Pauli in pago Graffelt constructum, ubi preciosum corpus Bonefacii martyris requiescit, quaem vir venerabilis Sturmio abba in regimine habere videtur, id sunt res proprietatis nostrae Hamalumburg, situm in pago Salecgavio super fluvio Sala cum omne integritate vel adiecenciis seu apendiciis suis Achynebach, Thyupfbach, Harital, hoc est quantumcumque in superius nominata loca habere videmini, id est tam terris, domibus, aedificiis, acolabus, mancipiis, vineis, silvis, campis, pratis, pascuis, aquis aquarumve decursibus, movilibus et inmovilibus, omnia et ex omnibus, ad prefatum sanctum locum tradidimus perpetualiter ad possidendum.

Propterea hanc preceptionem auctoritatis nostrae conscribere iussimus, ut ab hac die tam memoratus Sturmio abba quamque sui successoris, qui fuerint rectoris eiusdem sancti loci, predictis rebus ad opus jamdicte aecclesiae habeant, teneant adque possedeant et quicquid exinde ad profectum ipsius sancti loci facere elegerint, liberum perfruantur arbitrium. Et nullus quislibet de iudiciaria potestate aut qualibet persona predicto Sturmioni abbati neque actoribus aut sucessoribusque suis de memoratis rebus inquietare vel calumniam generare quoque tempore non presumat, sed per nostrum preceptum iure hoc valeant possedere firmissimum, quatenus melius delectet ipsa congregatione pro nobis vel stabilitate regni nostri etiam uxore et prolis domini misericordiam iugiter exorare.

Et ut haec auctoritas firmior sit, manos nostre signaculis subter eam decrevimus roborare et de anolo nostro jussimus siggillare.

§Signum [M] Caroli gloriosissimi regis§

C§ Uuigbaldus advicem Radoni ss.§ [*tiron. Noten:* domno rege ordinante Uuihbaldus recognovi.]

[*Siegel, jetzt beiliegend*]

Data septimo idus ianuarias anno nono et tertio regni nostri; actum Haristalio palatio publico[1], in dei nomine feliciter.

Zu dieser Schenkung gehört die folgende später aufgezeichnete Besitzeinweisung.

Or. (unbesiegelt): München, Reichsarchiv.
Facs.: Chroust, Mon. palaeogr. I. Serie. V, 7. Arndt-Tangl, Schrifttafeln III, 73. — Druck: U.-B. des Kl. Fulda I, 83 (S. 151 ff.).

Anno tertio regni piissimi regis Caroli mense octobris VIII idus Octobris reddita est vestitura traditionis praedicti regis / in Hamalunburg Sturmioni abbati per Nidhardum et Heimonem comites et Finnoldum atque Gunthramnum / vasallos dominicos, coram his testibus: Hruodmunt, Fastolf, Uuesant, Uuigant, Sigibot, Suuidberaht, / Sigo, Hasmar, Suuidger, Elting, Egihelm, Geruuig, Attumar, Bruning, Engilberaht, Leidrat, Siginand, / Adalman, Amalberaht, Landfrid, Eggiolt.

Et descriptus est atque consignatus idem locus undique his / terminis, postquam iuraverunt nobiliores terrae illius, ut edicerent veritatem de ipsius fisci quantitate /, primum de Salu juxta Teitenbah in caput suum, de capite Teitenbah in Scaranvirst, de Scaranvirste / in caput Staranbah, de capite Staranbah in Scuntra, de Scuntra in Nendichenveld, deinde in thie teofun / gruoba, inde in Ennesfirst then uuestaron, inde in Perenfirst, inde in orientale caput Lûtibah, inde / in Lûtibrunnon, inde in obanentig Uuînessol, inde in obanentig Uuînestal, inde in then burguueg / inde in Otitales houbit, deinde in thie michilun buochun, inde in Blenchibrunnon, inde ubar Sala / in thaz marchóug, inde in then matten uueg, inde in thie teofun clingun, inde in Hunzesbah / in Eltingesbrunnon, inde in mittan Eichinaberg, inde in Hiltifridesburg, inde in thaz steinina houg / inde in then lintinon seo, inde in theo teofun clingun unzi themo brunnen, inde in ein sol, inde / in ein steininaz hog, inde in Steinfirst, inde in Sala in then Elm.

---

22. Gefälschte Constitutio de expeditione Romana.

[angebl. 790.]

Reichenauer Fälschung des 12. Jh. [Urschrift verloren].
Über die Entstehung der Fälschung P. Scheffer-Boichorst, Zeitschr. f. d. Gesch. d. Oberrheins, N. F. III, 173 f. = Zur

[1] publicae *Or.*

Gesch. d. 12. u. 13. Jh. (1897), 1 *ff. Über ihren Zusammenhang mit anderen oberdeutschen Fälschungen, insbesondere über die Reimprosa, Brandi, Reichenauer Urkundenfälschungen,* 64, 67, 107 *ff.* (*vgl. auch oben N.* 20).

Ed.: Mon. Germ. Const. et acta publ. I, 661 (*N.* 447).

In nomine sancte et individue trinitatis.

Karolus divina favente gratia rex Francorum et Romanorum.

Si predecessorum nostrorum morem sequimur, non solum presentibus sed et succedentibus subvenire nitimur. Hac de causa cognoscat universorum experientia, qualiter, dum pro nostra consecratione coroneque perceptione proficiscendi tempus ad apostolicam sedem instaret, cum multis principibus annum Wormatie transegimus ibique omnem rei publice statum utilem et honestum confirmare, nocivum atque contrarium radicitus exstirpare decrevimus. Interim dum hec agerentur, casu contigit, principes cum militibus de Romana expeditione, que tunc instabat, acerbe contendere, distringentes eos multo plures halspergas de beneficiis suis sibi ducere, quam illi faterentur se posse vel jure debere. Sed quoniam hoc non ab aliquo antecessorum nostrorum terminatum fuit, dignum duximus, ut eorum altercationi finem et modum imponeremus atque decretum et certam aliquam legem super omni Romana expeditione ederemus.

Statuimus ergo et decernimus cum consensu omnium tam spiritualium quam secularium principum ibidem nobiscum assidentium: quando pro corona nostra vel pro aliqua regni utilitate aut honore Romana expeditio a nobis vel a successoribus nostris preparetur, ad omnium nobiscum euntium preparationem annus cum VI ebdomadibus pro induciis detur et taliter per totum regnum fidelibus nostris indicetur. Cuicumque autem secundum hanc legem eadem expeditio imperetur, si ad curiam Gallorum, hoc est in campum qui vulgo Rungalle dicitur, dominum suum non comitetur et ibi cum militari apparatu non representetur, feodo (preter hos qui cum gratia dominorum suorum remanserint) in conspectu nostro absque spe recuperationis privetur.

Qui autem per hominium, sive liberi sive servi seu famuli, dominis suis adheserint, quot decem mansos in beneficio possideant, tot brunias cum duobus scutariis ducant, ita tamen ut pro halsperga tres marcas et pro singulis scutariis singulas marcas accipiant. Et sic eundo ac redeundo cum hoc stipendio, sine omni dominorum dampno vel expensa, nisi quantum ipsis dominis placuerit, fideliter serviant. Si autem forte, quod absit, accidat, ut idem milites diversos dominos propter diversa acquirant beneficia, ne aliquod beneficium indebitum vel sine servitio remaneat, singuli singula debita stipendia singulis dominis persolvant, videlicet quantum ab ipsis, si irent, accepturi erant, tantum se daturos cognoscant, vel in prefato loco, ut dictum est, feodum amittant. Nisi aliqui a nobis vel a regno sint inbeneficiati; hi si nobiscum vadant, nolumus ut feodum amittant, set stipendia, nisi voluntate dominorum, non pretermittant.

Similiter de ecclesiarum filiis vel domesticis, id est ministerialibus vel quorumcunque principum clientela, qui cottidie ad serviendum parati esse debent, statuimus, ut quicunque V mansos in beneficio possideant, domino suo ad quem pertinent, bruniam cum uno scutario ducant. Et hoc in arbitrio dominorum pendeat, quos ducant, a quibus stipendia accipiant, quibus halspergas concedant. Ipsis etiam ad itineris preparationem V libre sue monete in stipendium tribuantur et duo equi, unus currens et alter ambulans, addantur, ac duobus sociis soumarius victualibus bene oneratus committatur, qui ab ipsis ad opus dominorum diligenter custodiatur. Ipsi quoque in dominorum tamdiu vivant procuratione, quamdiu in incepta vadant expeditione. Et quicquid a rebellibus regni pugnando acquisierint, duas partes ad dominos deferant, terciam sibi pro consolatione retineant. Quos autem non pascunt domini, ad ipsos reportent terciam partem sui acquisiti.

Singuli vero principes suos habeant officionarios speciales, marscalcum dapiferium pincernam et kamerarium. Qui IIII quanto plus sunt laboraturi, tanto plus in stipendio, in vestitu, in equitura pre ceteris sunt honorandi, scilicet unicuique istorum X libre cum tribus equis tribuantur, quartus marscalco addatur, quorum unum ad currendum, alterum ad pugnandum, tercium ad spatiandum, quartum ad loricam portandum.

Isti vero tales remanere cupientes, si apud dominos impetrare valeant, quot mansos possideant, tot libras sue monete vel votum fructum feodi in illo anno pro stipendio persolvant. Ut autem regale nostrum imperium ab omnibus habeat supplementum, hoc constituimus et firmiter precipimus, ut singuli buringi decem cum XII funibus de canapo solidos dominis suis impendant et insuper soumarium cum capistro concedant, quem, si domini voluerint, ipsi ad primam navalem aquam usque perducant. Mansionarius V solidos, absarius XXX denarios, bunuarius XV, quorumlibet larum possessores VI suppleant.

Et ut hec nostri decreti auctoritas inviolabilem et incorruptam in Dei nomine apud omnes successores nostros obtineat munitatem, cunctis principibus qui aderant adstipulantibus, manu propria subter eam roborare decrevimus et anuli nostri signo assignari jussimus.

Signum [M] Karoli gloriosissimi regis.

Hernustus notarius advicem Lutwardi cancellarii recognovi.

Data VIII. idus Junii anno incarnationis domini nostri Jesu Christi DCCXC., regni autem eius XXII. ante consecrationem. Actum Wormatie; feliciter amen.

23. König Offa von Mercia.

[793—96.]

Landschenkung an den Getreuen Aeðelmund.

Or. Perg. (ganz von einer Hand): London, B. M. Add. charter 19, 790.
Facs.: Facsimiles of ancient charters in the British Museum II, 5 (London 1876).
Vgl. Brunner, Zur Rechtsgeschichte der römischen u. germanischen Urk. 149 ff. (das angelsächs. Landbuch).

† Ᵽ In nomine summi tonantis qui est deus benedictus in secula amen. /

Regibus potentibus et huius seculi divitibus cum fallacibus istius lugu/bri mundi substantiis, quae omnia sicut umbra evanescunt, / aeternae vitae praemia mercanda sunt.

Quapropter ego Offa / rex, a rege reguum constitutus, terram LV cassatorum in provincia / Huuicciorum, ubi nominatur Westburg prope flumen qui dicitur / Aben, Aeðelmundo fideli meo ministro pro ereptione / animae meae in libertatem perpetuam sub hac condicione / libens concedo, ita ut ab omni tributo parvo vel majore pu/blicalium rerum et a cunctis operibus vel regis vel principis sit in / perpetuum libera, praeter expeditionalibus causis et pontium struc/tionum et arcium munimentum, quod omni populo necesse est / ab eo opere nullum excusatum esse.

Scripta est autem haec libertatis / kartula ab universo concilio synodali in loco celeberrimo qui / nuncupatur Clobeshoas, quorum signa et nomina infra / tenentur.

† Ego Offa rex dei dono propriam donationis libertatem signo sanctę crucis confirmo. /
† Ego Ecgferð filius regis consensi.
† Signum Hygeberhti archiepiscopi.

† S. Aeðelheardi archiepi.	† S. Uuermundi epi.
† S. Ceolulfi episcopi.	† S. Alhheardi epi.
† S. Hadoredi epi.	† S. Aelfhuni epi.
† S. Unuvona epi.	† S. Uuiohtuni epi.
† S. Cyneberhti epi.	† S. Alhmund epi.
† S. Deneferði epi.	† S. Beonnan abbatis.
† S. Ceolmundi epi.	† S. Uuigmundi abb.
† S. Coenwalh epi.	† S. Utel abb.

Auf der Rückseite:

† Brorda.	† Aeðelmund.	† Ceolmund.
† Bynna	† Uuigberht	† Ubba.
† Alhmund.	† Heardberht.	† Lulling.
† Esne.	† Unynberht.	† Eafing.

24. Fälschung auf den Namen Karls d. Gr.

[angebl. 804].

Schenkung eines Bannforstes, Befreiung vom Königsdienst, Einrichtung einer griechischen und lateinischen Schule zu Osnabrück.

Urschrift mit echtem Siegel (Fälschung des Bischofs Benno, vor 1077): Osnabrück, bischöfl. Archiv.
Facs.: Jostes, die Kaiser- und Königsurkunden des Osnabrücker Landes (Münster, o. J.). Taf. II.
Ed.: Mon. Germ. Diplomata Karolinorum I, 403 (N. 273).
Zu den Fälschungen vgl. Brandi, Westd. Zeitschr. XIX, Tangl, Arch. f. Urk.-forsch. II, 250, 258 ff., Rörig, Hist. Vjschr. 1921/4. Die aus echter Vorlage u. aus der Urkunde Heinrichs II. von 1002 (St. 1314) entnommenen Stellen sind petit gedruckt.

C.§ In nomine sanctae et individuae trinitatis. Karolus imperator augustus, Romanum gubernans imperium, qui et rex Francorum et Langobardorum, nec non § modo dominator et Saxonum.

Notum sit omnibus sanctę dei aecclesiae fidelibus nostrisque praesentibus scilicet et futuris, qualiter nos ob nostrae mercedis augmentum Vuihoni Osnabrukgensi episcopo suaeque aecclesiae, quam nos primam omnium in Saxonia in honore sancti Petri principis apostolorum et sanctorum martirum Crispini et Crispiniani construximus, quoddam nemus vel forestum infra haec loca situm Farnvuinkil, Rutanstein, Angeri, Osning, Sinithi, Bergashouid, Dreuenomeri, Etanasfeld, Dumeri, collaudatione illius regionis potentum cum omni integritate, in porcis videlicet silvaticis atque cervis, avibus et piscibus omnique venatione, quae sub banno usuali ad forestum deputatur, ad similitudinem foresti nostri Aquisgranum pertinentis, in silva Osning in perpetuum proprietatis usum donavimus, ea videlicet ratione, quod si quisquam hoc idem nemus nostro banno munitum sine praedictae sedis episcopi licentia studio venandi vel silvam exstirpandi vel aliquod huiusmodi negotium peragendi umquam intrare praesumpserit, sciat se tam divinae quam et regiae ultionis vindictam incursurum, nec non pro delicto sexaginta solidos nostri ponderis, quos nobis pro banno violato debere statuimus, redditurum.

Insuper vero eidem episcopo suisque successoribus perpetuam concedimus libertatem et ab omni regali servitio confirmamus absolutionem, nisi forte contingat, ut imperator Romanorum vel rex Grecorum coniugalia federa inter filios eorum contrahere disponant, tunc aecclesiae illius episcopus omni sumptu a rege vel imperatore adhibito laborem simul et honorem illius legationis assumat. Et hoc ea de causa statuimus, quia in eodem loco Grecas et Latinas scolas in perpetuum manere ordinavimus et numquam clericos utriusque linguae gnaros ibi deesse in dei misericordia confidimus.

Et ut haec auctoritas firmior habeatur ac diuturnis temporibus melius conservetur, manu propria subter eam roborare decrevimus et de anulo nostro sigillare iussimus.

§ Signum [M] Caroli piissimi imperatoris. §

§ Amalbertus advicem Ercanbaldi recognovi § S. R. [*eingedrücktes Gemmensiegel Karls d. Gr.*]

Data XIIII. kal. ian. anno IIII. Christo propitio imperii nostri et XXXVII. regni nostri in Francia atque XXXI. in Italia. Actum Aquisgrani palatio, in dei nomine feliciter, amen.

25. Kaiser Karl d. Gr.

812, März 8. Aachen.

Gerichtsspruch zugunsten des Salacus gegen Tingulf.

Or. (*besiegelt; von Eldebert geschrieben*): *Paris, Arch. nat.* (*aus St. Denis*).
Facs.: Kopp, Schrifttafeln, 18. Pal. Soc. I, 237 (*Dahn, Urgeschichte 3, 1154; Henne am Rhyn, Kulturgesch. 1, 102*).
Ed.: Mon. Germ. Dipl. Karol. I., 288 (*Nr. 216*). — *BM. 469* (*455*).

C § In nomine patris et filii [et] spiritus sancti.

Karolus serenissimus, agustus, a deo coronatus, magnus, pacificus imperator, Romanum gubernans imperium, qui et per § misericordiam dei rex Francorum et Langobardorum.

Veniens ante nos Aquisgrani palacii nostri publici homo alicus nomine Salacus, nobis innotuit, eo quod homo alicus nomine Tingulfus ei fideiussoris datus habuisset, ut infra noctis XLII ante nos sibi adpresentare debuisset pro aliquas causas in racionis.

Tunc ipse Salacus per triduum seu amplius ut lex habuit, placitum suum legibus custodivit et ipso Tingulfo ibidem iactivit vel solsedivit et memoratus Tingulfus nec ad eao placito vinit nec nullum direxit advicem suum, qui pro eao sonia nunciasset, sed iactivus exinde in omnibus aparuit.

Proinde nos taliter una cum fidelibus nostris, id sunt Gerulfus, Guntlandus, Hedo, Armannus, Hamricus, Sicarius, Rotbertus comitibus, Isegerus, Ingenoldus, Agmbinus seu et Acilo vel Amalricus comiti palacii nostri vel reliquis quam plures visi fuemus iudicasse, ut dum ipse Salacus placitum suum legibus custodivit vel adiactivit, sed memoratus Tingulfus nec ad eao placito vinit, nec nullum direxit advicem suum, qui pro eao sonia nunciasset, et iactivus exinde aparuit.

Propterea iubemus, ut, dum ac causa sic acta vel perpetrata esse cognovimus, ut memoratus Tingulfus incontra sepedicto Salacone de illos jactus, sicut lex locis vestre de tale causa docuerit, omnino conponeat vel emendare studeat.

C. Ego Eldebertus recognovi et ss. (S. R.).

[*Gerichtssiegel Karls d. Gr. eingedrückt*]

C. Datum quod fecit mensis mar. dies VIII, anno XII. Christo propicio imperii domni nostri Karoli et XLIIII. regni eius in Francia adque XXXVIII. in Italia, indiccione III.; in dei nomine feliciter, amen.

---

26. Papst Nicolaus I.

863, April 28. [Rom].

Großes Privileg für die Abtei St. Denis.

Or. Papyrus: Paris, Arch. nat.
Facs. (z. T.): Pflugk-Harttung: Spec. sel. chart. Rom. pont. 3.
Ed.: Marini, Papiri diplomatici, 25. — J. L. 2718.

§Nicolaus episcopus servus servorum dei§ / Dilectis fratribus ac filiis nostris in venerabili monasterio sancti Christi martyris Dyonysii / sub regula sancti Benedicti religiosa conversatione degentibus nunc et futuris temporibus. /

Quando ad· ea quae catholicorum regum corda pontificalibus sunt monitis provocanda, / ita ardenti desiderio divina praeveniente gratia succenduntur, ut ab eis ultro poscantur, tanto alacri et laeto sunt animo concedenda, quanto et ea ipsa quae cupiunt si nollent facere, peti debuerant.

Proinde iuxta scripta petitoria filii nostri praecellentissimi regis Karoli huiusmodi privilegium praesentis auctoritatis nostrae decreto eidem monasterio vestris futurisque temporibus indulgemus, concedimus atque firmamus, ut sicut ipse gloriosissimus filius noster divino ductus amore de villis ac facultatibus seu stipendiis specialiter monachorum et ecclesiae ornamentorum vel luminariorum ac matriculariorum seu hospitum atque pauperum usibus servata vel emeliorata seu acta ordinatione, quae tempore piae memoriae genitoris sui Hludouuici Augusti exinde fuerat facta, constituit et praecepto suae auctoritatis firmavit privilegiumque venerabilibus fratribus ac filiis nostris episcopis illarum regionum fieri et confirmari fecit, ita sicut in eodem privilegio atque praeceptis regiis filii nostri / Karoli exinde factis continetur, perpetuo inconvulsa permaneant.

Constituimus / etiam auctoritate beati Petri, ut nullus regum, nemo antistitum vel abbatum seu quilibet quacumque praeditus dignitate de his quae in praefato privilegio seu in praeceptis ipsius filii nostri Karoli ex his quae premisimus factis continetur, vel in futuro ab eo vel a quibuslibet aliis de proprio fuerint his specialibus usibus iure conlata, sub cuiuslibet causae occasione sive specie quicquam minuere vel auferre et sive suis usibus applicare, vel aliis quasi piis causis pro suae avaritiae excusatione praesumat concedere, sed cuncta quae praefatis usibus monachorum et ecclesiae ornamentorum vel luminariorum matriculariorum hospitum et pauperum oblata sunt vel offerri contigerint, perempni tempore inlibata et inconvulsa et sine aliqua inquietudine eorum usibus, pro quorum sustentatione gubernationeque concessa sunt, modis omnibus / profutura permaneant.

Haec igitur omnia quae huius praecepti decretique nostri / pagina continet, tam vobis quam cunctis, qui in eo quo estis ordine locoque successerint / vel eis quorum interesse potuerint, in perpetuum conservanda decernimus, / salva in omnibus, quae huius decreti pagina continentur, auctoritate et honore / sanctae Romanae ecclesiae et sedis apostolicae privilegio.

Si quis autem temerario / ausu magna parvave persona contra hoc nostrum apostolicum decretum agere / praesumpserit, sciat se anathematis vinculo esse innodatum et a regno dei alienum et cum omnibus impiis aeterni incendii supplicio condempnatum. /

At vero qui observator extiterit praecepti huius, gratiam atque misericordiam / vitamque aeternam a misericordissimo domino deo nostro consequi mereatur.

Scriptum per manum Sophronii notarii regionarii et scriniarii / sanctae Romanae ecclesiae in mense aprile, indictione undecima. /

[*eigenhändig*] † BENE UALETE †. /

[*dritte Hand*] Datum IIII. kal. majas per manum Tiberii primicerii / sanctae sedis apostolicae, imperante domino nostro piissimo — — / augusto Hludouuico, a deo coronato, magno / pacifico imperatore, anno quarto decimo et p[ost] c[onsulatus] eius / anno quarto decimo, indictione undecima. [*Bleibulle anhängend.*]

---

27. Aus den Formulae Sangallenses.

[871, März 29]

Notitia über eine Markenteilung.

Hss. vom X. Jahrh. an. Ed.: Mon. Germ. Leg. V. Formulae ed. K. Zeumer (Hann. 1886) p. 403.

Zur Sache vgl. Form. Marc. I, 20; K. Rübel, Die Franken S. 220, dazu Brandi, Gött. Gel. Anz. 1908, 12, u. C. Brinkmann, Freiheit und Staatlichkeit (L. 1912) 28 ff.

Notitia divisionis possessionum regalium vel popularium, episcopalium vel monasterialium.

Notum sit omnibus, tam praesentibus quam futuris, quod propter diuturnissimas lites reprimendas et perpetuam pacem conservandam factus est conventus principum et vulgarium in — illo — et in —

illo — loco ad dividendam marcham inter fiscum regis et populares possessiones in — illo — et in — illo — pago, et habuerunt primi de utraque parte, et regis videlicet missi et seniores eius servi, et nobiliores popularium et natu provectiores.

Et secundum iusiurandum quod utrique antea in reliquiis sanctorum commiserunt, diuturnissima retractione et ventilatissimis hinc inde sermocinationibus iuxta memoriam et paternam relationem, prout iustissime poterant, deliberaverunt, ut immunitas regis a villa — ad villam, a vico — ad vicum, a monte — ad montem, a colle — ad collem, a flumine N. ad flumen N. — (singula per se) sine ullius communione esse deberet, nisi forte precario cuilibet ibi et servitute pro merito usus necessaria concederentur. Si autem quis sine permissione praefecti vel procuratoris regis aut venationem ibi exercere vel ligna aut materiem cedere convictus fuerit, iuxta decretum senatorum provintiae componat.

Et idem sequestri constituerunt iuxta leges priorum, ut a supradictis locis usque ad stagnum — illud, aut illud — et montes — illos — et — illos —, qui in aliorum quorumque pagensium confinio sunt, omnia omnibus essent communia in lignis cedendis et sagina porcorum et pastu pecorum, nisi forsitan aliquis civium eorundem vel manu consitum vel semine inspersum aut etiam in suo agro sua permissione concretum et ad ultimum a patre suo sibi nemus inmune vel aliquam silviculam relictam habeat propriam vel cum suis coheredibus communem.

Hi sunt ergo divisores, qui supradicta loca diremerunt: — N. —

et hi sunt testes, qui de utrisque partibus in supradicta divisione praesentes affuerunt et eam iustissimam comprobaverunt: — N. —

Actum est hoc in eodem loco.

Ego itaque — N. — scripsi et subscripsi.

Notavi diem V. feriam, IV. kal. Apr. annum XXXII regni H. regis Germanici, sub — illo — comite.

28. Kaiser Otto I.

962, Febr. 13. Rom.

Bestätigung der Besitzungen und Ansprüche der Römischen Kirche, unter Vorbehalt der kaiserlichen.

Gleichzeitige Prachtausfertigung in Goldschrift auf Purpurpergament: Rom, Vatikanisches Archiv, Arm. I. Caps. III, 1. Fasc. (z. T.): Th. v. Sickel, Das Privilegium Otto I. für die Römische Kirche (Innsbruck 1883).

Ed.: Mon. Germ. Constitutiones I, 23, No. 12. — B.-O. 311. Erläuterungen bei Sickel, aaO. Sackur, N. A. 25. Vgl. E. Stengel, Entw. d. Kaiserpriv. f. d. röm. Kirche, Hist. Zs. 134, 216 f. 1926. Wie in den Constitutionen, ist petit gedruckt, was aus dem Privileg Ludwigs d. Fr. (817) und [S. 41, Z. 1 ff.] aus der Constitutio Romana, sowie dem Eid der Römer von 824 stammt.

In nomine domini dei omnipotentis, patris et filii et spiritus sancti.

Ego Otto dei gratia imperator augustus, una cum Ottone glorioso rege filio nostro, divina ordinante providentia, spondemus atque promittimus per hoc pactum confirmationis nostrę tibi beato Petro principi apostolorum et clavigero regni cęlorum et per te vicario tuo domno Johanni summo pontifici et universali XII. pape, sicut a predecessoribus vestris usque nunc in vestra potestate atque dicione tenuistis et disposuistis: civitatem Romanam cum ducatu suo et suburbanis suis atque viculis omnibus et territoriis eius, montanis ac maritimis litoribus ac portubus; seu cunctis civitatibus, castellis, oppidis ac viculis Tuscię partibus, id est Portum, Centumcellas, Cerem, Bledam, Marturianum, Sutriam, Nepem, castellum Gallisem, Ortem, Polimartium, Ameriam, Tudam, Perusiam cum tribus insulis, id est maiore et minore, Pulvensim, Narniam et Utriculum, cum omnibus finibus ac territoriis ad suprascriptas civitates pertinentibus.

Nec non exarchatum Ravennatem sub integritate cum urbibus civitatibus, oppidis et castellis, quę pię recordationis domnus Pippinus et domnus Karlus excellentissimi imperatores, predecessores videlicet nostri, beato Petro apostolo et predecessoribus vestris iam dudum per donationis paginam contulerunt, hoc est civitatem Ravennam et Emeliam, Bobium, Cesenam, Forumpopuli, Forumlivi, Faventiam, Immolam, Bononiam, Ferrariam, Comiiaclum et Adrianis atque Gabellum cum omnibus finibus, territoriis atque insulis, terra marique ad supradictas civitates pertinentibus. Simul et Pentapolim videlicet Ariminum, Pensaurum, Phanum, Senogalliam, Anconam, Ausimum, Humanam, Hesim, Forumsimpronii, Montemfeltri, Urbanum et territorium Balnense, Callis, Luciolis et Eugubium cum omnibus finibus ac territoriis ad easdem civitates pertinentibus.

Eodem modo territorium Sabinense, sicut a domno Karlo imperatore antecessore nostro beato Petro apostolo per donationis scriptum concessum est sub integritate. Item in partibus Tuscię Longobardorum castellum Felicitatis, Urbem veterem, Balneum regis, Ferenti, Viterbum, Orchem, Marcam, Tuscanam, Suanam, Popolonium, Roselles cum suburbanis atque viculis omnibus et territoriis ac maritimis, oppidis ac viculis seu finibus omnibus.

Itemque a Lunis cum insula Corsica, deinde in Suriano, deinde in monte Bardonis, deinde in Berceto, exinde in Parma, deinde in Regia, exinde in Mantua atque in Monte Silicis atque provincia Venetiarum et Istria, nec non et cunctum ducatum Spolitanum seu Beneventanum una cum ęcclesia sanctę Cristinę, posita prope Papiam iuxta Padum quarto miliario.

Item in partibus Campanię Soram, Arces, Aquinum, Arbinum, Teanum et Capuam. Nec non et patrimonia ad potestatem et ditionem vestram pertinentia, sicut est patrimonium Beneventanum et patrimonium Neapolitanum atque patrimonia Calabrię superioris et inferioris, — de civitate autem Neapolitana cum castellis et territoriis ac finibus et insulis suis sibi pertinentibus, sicuti ad easdem aspicere videntur, — nec non patrimonium, Sicilię, si Deus nostris illud tradiderit manibus; simile modo civitatem Gaietam et Fundim cum omnibus earum pertinentiis.

Insuper offerimus tibi, beate Petre apostole, vicarioque tuo domno Iohanni papę et successoribus eius, pro nostrę animę remedio nostrique filii et nostrorum parentum, de proprio nostro regno civitates et oppida cum piscariis suis, id est Reatem, Amiternum, Furconem, Nursiam, Baluam et Marsim et alibi civitatem Teramnem cum pertinentiis suis.

Has omnes suprascriptas provintias, urbes et civitates, oppida atque castella, viculos ac territoria, simulque et patrimonia, pro remedio animę nostrę et filii nostri sive parentum nostrorum ac successorum nostrorum et pro cuncto a deo conservato atque conservando Francorum populo iam dictę ęcclesię tuę, beate Petre apostole, et per te vicario tuo spiritali patri nostro domno Iohanni summo pontifici et universali papę eiusque successoribus usque in finem seculi eo modo confirmamus, ut in suo detineant iure, principatu atque dicione.

Simili modo per hoc nostrę delegationis pactum confirmamus donationes, quas pię recordationis domnus Pippinus rex et postea domnus Karlus excellentissimus imperator beato Petro apostolo spontanea voluntate contulerunt; nec non et censum vel pensionem seu ceteras dationes, quę annuatim in palacium regis Longobardorum inferri solebant sive de Tuscia sive de ducatu Spoletano, sicut in suprascriptis donationibus continetur et inter sanctę memorię Adrianum papam et domnum Karlum imperatorem convenit, quando idem pontifex eidem de suprascriptis ducatibus, id est Tuscano et Spolitano, suę auctoritatis preceptum confirmavit, eo scilicet modo ut annis singulis predictus census ad partem ęcclesię beati Petri apostoli persolvatur; salva super eosdem ducatus nostra in omnibus dominatione et illorum ad nostram partem et filii nostri subiectione. Ceterum, sicut diximus, omnia superius nominata ita ad vestram partem per hoc nostrę confirmationis pactum roboramus, ut in vestro permaneant iure, principatu atque ditione et neque a nobis neque a successoribus nostris per quodlibet argumentum sive machinationem in quacumque parte vestra potestas imminuatur aut a vobis inde aliquid subtrahatur de suprascriptis videlicet provintiis, urbibus, civitatibus, oppidis, castris, viculis, insulis, territoriis atque patrimoniis necnon et pensionibus atque censibus; ita ut neque nos ea facturi simus neque quibuslibet ea facere volentibus consenciamus, sed potius omnia quę superius leguntur, id est provinti[as], civitates, urbes, oppida, castella, territoria, et patrimonia atque insulas censusque et pensiones, ad partem ęcclesię beati Petri apostoli atque pontificum in sacratissima sede illius residentium nos in quantum possumus defensores esse testamur, ad hoc ut ea in illius ditione ad utendum et fruendum atque disponendum firmiter valeant optineri.

Salva in omnibus potestate nostra et filii nostri posterorumque nostrorum, secundum quod in pacto et constitutione ac promissionis firmitate Eugenii pontificis successorumque illius continetur, id est: ut omnis clerus et universi populi Romani nobilitas propter diversas necessitates et pontificum inrationabiles erga populum sibi subiectum asperitates retundendas sacramento se obliget, quatinus futura pontificum electio, quantum uniuscuiusque intellectus fuerit, canonice et iuste fiat; et ut ille, qui ad hoc sanctum atque apostolicum regimen eligitur, nemine consentiente consecratus fiat pontifex, priusquam talem in presentia missorum nostrorum vel filii nostri seu universę generalitatis faciat promissionem pro omnium satisfactione atque futura conservatione, qualem domnus et venerandus spiritalis pater noster Leo sponte fecisse dinoscitur. Preterea alia minora huic operi inserenda previdimus, videlicet ut in electione pontificum neque liber neque servus ad hoc venire pręsumat, ut illis Romanis, quos ad hanc electionem per constitutionem sanctorum patrum antiqua admisit consuetudo, aliquod faciat impedimentum; quodsi quis contra hanc nostram institutionem ire presumpserit, exilio tradatur. Insuper etiam ut nullus missorum nostrorum cuiuscumque impeditionis argumentum componere in prefatam electionem audeat, prohibemus.

Nam et hoc omnimodis instituere placuit, ut qui semel sub speciali defensione domni apostolici sive nostra fuerint suscepti, impetrata iuste utantur defensione; quod si quis in quemquam illorum, qui hoc promeruerint violare presumpserit, sciat se periculum vitę suę esse incursurum. Illud etiam confirmamus, ut domno apostolico iustam in omnibus servent oboedientiam seu ducibus ac judicibus suis ad iustitiam faciendam.

Huic enim institucioni hoc necessario adnectendum esse perspeximus, ut missi domni apostolici seu nostri semper sint constituti, qui annuatim nobis vel filio nostro renunciare valeant, qualiter singuli duces ac iudices populo iusticiam faciant, hanc imperialem constitucionem quomodo observent. Qui missi decernimus, ut primum cunctos clamores, qui per neglegentiam ducum seu iudicum fuerint inventi, ad notitiam domni apostolici deferant, et ipse unum e duobus eligat: aut statim per eosdem missos fiant ipse necessitates emendate aut misso nostro nobis renunciante per nostros missos a nobis directos emendentur.

Hoc ut ab omnibus fidelibus sanctę Dei ęcclesię et nostris firmum esse credatur, propriae manus signaculo et nobilium optimatum nostrorum subscriptionibus hoc pactum confirmationis nostrę roboravimus et bullę nostrę inpressione adsignari iussimus.

† Signum domni Ottonis serenissimi imperatoris ac suorum episcoporum abbatum et comitum.

† Signum Adaldagi Hamaburgiensis ęcclesię archiepiscopi. Signum Hartberti Curiensis ęcclesię episcopi. Signum Drvogonis, Osnabruguensis ęcclesię episcopi. Signum Votonis Argentenensis ęcclesię episcopi. Signum Otuuini Hiltinesemensis ęcclesię episcopi. Signum Landuuarti Mindonensis ęcclesię episcopi. Signum Otgeri Nemetinensis ęcclesię episcopi. Signum Gezonis Tortunensis ęcclesię episcopi. Signum Hucberti Parmanensis ęcclesię episcopi. Signum Vuidonis Mutunensis ęcclesię episcopi. Signum Hattonis Fuldensis monasterii abbatis. Signum Guntharii Herolfesfeldensis monasterii abbatis. Signum Eberharti comitis. Signum Guntharii comitis. Signum Burgharti comitis. Signum Vtonis comitis. Signum Cvonrates comitis. Signum Ernustes. Signum Thietheres, Ricdages, Liupen, Hartuuiges, Arnolves, Inghilthies, Burchartes, Retinges.

Anno dominice incarnationis DCCCCLXII, indictione V, mense februario, XIII. die eiusdem mensis; anno vero domni Ottonis imperii invictissimi imperatoris XXVII facta est hęc pactio, feliciter.

---

29. Kaiser Otto I.

973, April 9. Walbeck.

Bestätigung einer Marktverleihung König Ludwigs an die Abtei Herford.

Or.: Münster, Staatsarchiv.
Facs.: Kaiserurkunden in Abbildungen III, 30.
Ed.: Mon. Germ. Diplomata I, 583 (Nr. 430). — St. 527.

C§ In nomine sanctae et individuae trinitatis.

Otto divina favente clementia imperator augustus.

Noverit omnium fidelium nostrorum praesentium scilicet ac futurorum industria § / qualiter quaedam venerabilis abbatissa Herfordensi monasterii, nomine Imma, nobis scripta Hluthuuuici regis de quodam mercato cum omnibus inde exigendi usibus, id est moneta, teloneo vel quicquid ad publicum videtur pertinere mercatum, in loco Adonhusa nominato, afferens, nostramque dilectam coniugem, nomine Adelheidam, haec eadem scripta nos nostro praecepto eius interventu praefato monasterio renovari praecabatur.

Nos vero, pro animae nostrae remedio et aeterna remuneratione, more antecessorum nostrorum, regum vel imperatorum, facientes, eiusque intercessioni consentientes, memoratae aecclesiae Herofordensi eiusque abbatissae Imma praedictae per futura succedentium tempora in loco superius nominato potestatem non solum mercationis constituendae[1] sed etiam ad ius eiusdem praelibatae abbatissae banno nostro imperiali exigendum, pacemque omnibus quęrentibus mercatum ac redeuntibus faciendum concessimus.

Et ut h[o]c nostrae auctoritatis praeceptum cunctae sanctae dei aecclesiae filiis nostrisque perpetuo verius credatur fidelibus ac firmum stabileque permaneat, manu nostra subtus propria firmavimus anulique nostri impressione consigillari jussimus.

§Signum domni Ottonis [M] serenissimi imperatoris augusti.§

§Uuilligisus cancellarius advicem Rotberti archicapellani recognovi§ [S. R.]

[*Siegel abgefallen*]

Data V. idus aprilis anno incarnationis domini DCCCCLXXIIII. indictione II., anno regni domni Ottonis XXXIIII., imperii ejus XIII. Actum Vualbech. [Amen].

---

[1] constituendum *Or. Die verbesserten Schreibfehler im App. der M.-G.-Ausgabe.*

---

30. Agathe, Äbtissin von S. Ciriacus und Nicolaus in Via Lata zu Rom.

980, Sept. 29.

Aufzeichnung einer gerichtlichen Notitia, im Streit um einen Weinberg, durch Farulf, judex von Ariccia.

Or.: Archiv von S. Maria in Via lata (jetzt im Vat. Arch.) Rom. Facs. u. Ed.: L. M. Hartmann, Tabularium S. M. in Via Lata I (Vindobonae 1895) N. 10 (Tab. VII).

† In nomine domini dei salvatoris nostri Jesu Christi, anno deo propitio pontificatus domini nostri Benedicti summi / pontificis et universali septimi papae in sacratissima sede beati Petri apostoli / sexto, imperante domno Ottone, a deo coronato magno imperatore anno tertio deci/mo, indictione nona, mense september, die vicesima nona.

Brebe recordatio/nis façio ego Agathe abbatissa venerabili monasterio sanctorum Christi martyrum Ciriaci / et Nicolai quod ponitur in Via Lata, qualiter fuit intentio inter me et Sergius nep/tus de Georgio Calbo de palmatario, qui est ad bineam pastinandum. Tunc / venit predicto Sergius ad domna abbatissa et dixit: „Vocifero te per vita dei omni/potenti, quod nulla charta facere ius ad nullum homine, quia isto palmatario / meum est et charta abeo, nomine meo facta, quod mihi Adriano feci."

Deinde / venimus ante presentia domni Stephani duce castello Ariciense et alii nobiles / homines: Pharulfo iudex, Stephanus castaldio, Lupo de Merco castaldo, Ma/rinus filius Farolphi, Bonizo germanus Farolphi. Tunc supradicta abba/tissa questa est dicens: „Domni judices, judicate nobis de isto Sergio, qui dixit / charta abere de suprascripto palmatario." Tunc judicavit Farolpho judice: „Osten/de nobis ipsam charta." Quibus ille Sergius: „Charta abere minime potui." Quibus / ille Sergius adprendi virga lignea et refutavit binea et ipsum pal/matario ante presentia domni Stephani duce et Farolpho judice, / Stephanus et Lupo de Merco castaldii, Marinus filius Farolphi / et alii nobilibus viris, corum numerum per singulos narrare longum / esset; et exinde jamdicto Sergio confusus exibit. Sic namque inter / nos finitum est placitum et deliberatum.

Unde pro futuram caute/lam vestram hanc brebe memoratoria mihi Pharolpho judi/ce scribere jussit per manum Benedicto scriniario sanctae Romanae ecclesiae in mense et / indictione suprascripta nona.

[*eigh.*] † Farulpho iudex castello Ariciense in hanc breve me/moratoria interfuit et subscripsi.

„ † Stephanus nobili viro de Johannes Cice.

[*eigh.*] † Bonizo de Farulfo.
,, † Lupo de Merco.
,, † Marinus filius Farolpho in hanc breve memorato/ria interfuit et subscripsi.
,, † Leo filius de Viardo in hanc breve memoratoria / interfuit et subscripsi.

---

31. Traditionen an St. Emmeram.

[Zeit des Abtes Richold, 1006—28].

Tradition von Hörigen durch Rihhoch und Adalpreht. Tradition von Zetmansdorf durch den Professen Diethart.

Codex Trad.: München, Reichsarchiv, Regensburg, St. Emmeram, $5^{1}/_{2}$.
Facs.: Chroust, Monumenta Palaeographica, 1. Ser. IV, 1^{a} (*ebd. weitere Literatur*).
*Ed.: Pez, Thesaurus anecdotorum I*3, *Col. 116, 44 ff.*

Notum sit vobis, qualiter quidam homo nomine Rihhoch tradi/dit ad sanctum Emmerammum suum proprium servum nomine Adalger, / ea ratione ut per singulos annos solvat .V. nummos.

Huius / rei testes sunt: Perolt. Engilfrit. Perolt. Rihpreht. Egino. Peranhart.

Traditio Adalperti /

Quidam homo nomine Adalpreht unâ cum uxore sua, cui nomen / Adalheit, tradidit ad sanctum Emmerammum proprii iuris ancil/lam nomine Richpirin, ea ratione ut per singulos annos sol/vat .V. nummos.

Testes: Engilheri. Sicco. Gotopreht. Heizo.

— — / — —

Traditio Diethardi /

Notum vobis, qui de talibus causis curam habetis, quod quidam nobilis vir / Diethart nomine, seculo renuntiaturus et apud sanctum Emmerammum / monachum professurus, eidem famosissimo patrono donationem fecit / de predio suo quod situm est iuxta fluvium Naba in quodam vico Zetmas/dorf[1] nuncupato cum multis commodis ad idem pertinentibus, id est / pratis, piscationibus, locis ad onerandas naves aptis, silvis porcorum, / pascuis.

Haec autem traditio ea ratione facta est, ut si episcopus vel aliqua potens persona fratrum utilitati praedictum praedium subtrahere voluerit, ad praenominati Diethardi proximum haeredem redeat, qui illud iterum beato Emmerammo et fratribus in pristinum ius restituat.

Huius rei testes sunt: Chuonrat, Perchtolt, Ratpoto, Guntpreht.

---

[1] *Am Rand*: Zetmansdorf.

32. König Konrad II.

[1027—35].

Mandat wegen Rückgabe verkaufter Eigenleute an die Kirche von Verden.

Or.: Hannover, Staats-Archiv.
Facs.: Kaiserurkunden in Abbildungen II, 4a.
Ed.: H. Bresslau, Die Urkunden Konrads II. (Mon. Germ. Dipl. IV) 175, No. 130.

CHUONRADUS, dei gratia Romanorum imperator augustus, Berenhardo duci, Sigifrido comiti, Bernhardo marchioni salutem et gratiam.

Quamvis pro totius rei publicę longe lateque procuranda utilitate iugem debeamus sollicitudinem gerere, tamen ut pro ecclesiarum dei statu sollertius invigilemus, nos obligatiores esse non ignoramus. Unde quia sanctę Fardensis ecclesiae mancipia ceu bruta animalia pro quantulocumque pretio hactenus venundata fuisse audivimus, non solum illam nefariam consuetudinem admiramur, verum etiam ut rem deo hominibusque detestabilem execramur, maxime, cum secundum canonicam auctoritatem nullius ecclesiae praedia vel mancipia pro alia aliqua vicissitudine, nisi praedia pro praediis, mancipia pro mancipiis pro ęquę bonis vel melioribus debeant mutuari.

Idcirco autem huiuscemodi morem sanctorum patrum traditionibus repugnantem ulterius ibidem exerceri nostra imperiali potestate interdicimus et vobis, quibus harum provinciarum regimen commisimus, sub dei nostręque gratię obtentu imperamus, ut ubicumque vel inter vestros vel alios eiusdem ecclesię mancipia ita vendita inveniantur, illius loci episcopo vestro iuvamine reddantur, ea scilicet ratione ut episcopus emptori tantum, quantum pro eis dedit, restituat et suę ecclesiae mancipia recipiat.

Sin vero aliqua persona his parere noluerit, vestra iudiciaria potestate eam distringite, donec huic nostro iustissimo edicto vel coacta oboediat.

Ad evidentissimum itaque signum omnibus nostrę imaginis proponi praecipimus sigillum.

[*eingedrücktes Kaisersiegel*]

33. König Edward von England.

(1044—1065).

Privileg für das Kloster St. Edmunds.

Or. (Perg.-Streifen): London, Brit. Mus. Cotton-MS. Aug. II, 80. Facs. u. Text: Facsimiles of ancient charters etc. IV, 29. Vgl. Gött. Gel. Anz. 1905/12.

† Eadweard cyngc, gret mine bisceopas ⁊ mine eorlas ⁊ ealle mine þegnas on þam sciren þær sancte Eadmund hafað land inne freondlice, / ⁊ ic cyðe eow ꝥ ic wylle ꝥ Leofstan abƀ ⁊ ealle ꝥa gebroðra on Eadmundes byrig beon heora sake ⁊ heora socne wurðe ofer ealle heora / agene menn, ægðer ge binnan burh gebutan ⁊ ic nelle geðafian ꝥ heom ænig man ænig woh beode.

Auf der Rückseite (XII. Jh.): Aedmundus habet sacam et socam in civitate et extra.

---

34. Aus dem Cartularium langobardicum.

[vor 1070].

Anweisungen zum Traditions- und Beurkundungsakt für [1.] Morgengabe, [2.] Verkauf mit Gewährschaftsversprechen, [15.] Tauschgeschäft, [20.] Gerichtsverhandlung und Notitia salvae querelae.

In Handschriften des Langobardischen Rechts vgl. Mon. Germ. fol. Leges IV.

Facs.: —. Ausg.: Mon. Germ. LL. IV, 595. Vgl. Brunner, Zur Rechtsgeschichte der röm. u. germ. Urk. (1880), S. 96 ff.

[1.] Traditio donationis propter nuptias.

Martine trade per hanc pergamenam cartam de morgincap ad Albergam de quarta portione omnium rerum, quae nunc habes aut inantea aquistare potueris, tam rerum mobilium quamque immobilium seu familie, ut ipsa faciat heredesque vestri secundum legem, quod facere velint. Dicis ita Martine?

„Dico."

Ita trade ei et huic notario ad scribendum.

Dic.: „Omnes vos rogo."

(Si est Romanus, vel Salichus, dic: „cartam dotis", et „de tercia porcione"; et dic in Salicha: „proheredes".

Et dic insuper: Mitte poenam stipulationis nomine, que est mulcta auri optimi uncias quattuor, argenti pondera octo, si hanc cartam volueris rumpere aut infrangere.

Et hec adde in fine traditionis Salichae, cetera enim omnia sunt similia superiori: et mitte atramentarium super cartam.)

[2.] Traditio venditionis cum defensione.

Martine, trade per hanc pergamenam cartam venditionis sub dupla defensione de petia una de terra quae est tui iuris que est in *tali* loco, que est per mensuram *tantum* et habet coherentias *tales* ad Johannem, quod dehinc inantea a presenti die proprietario nomine faciat ipse et sui heredes aut cui ipsi dederint, quicquid voluerint sine omni contradictione tua et tuorum heredum.

Et insuper esponde, te, vos, ab omni homine defensare; quodsi defendere non potueritis, aut si vos aliquid per quodvis ingenium subtrahere quaesieritis, tunc in duplum illis eandem venditionem restituatis, sicut pro tempore fuerit meliorata aut valuerit sub aestimatione in consimili loco. Dicis ita?

„Dico!"

Sic trade ei ad proprium et huic notario ad scribendum. Habes precium iusta cartam?

„Habeo."

Dic.: „Totos vos rogo tangere!"

(Si est Romanus similiter dic; sed si est Salichus, si est Roboarius, si est Francus, si est Gothus vel Alamannus venditor: „Pone cartulam in terram et super cartam mitte cultellum, festucam notatam, wantonem et wasonem terrae et ramum arboris et atramentarium" — et in Alamanna wandilanc, et levet de terra; et eo cartam tenente dic traditionem, ut supra diximus. Et adde in istorum cartulis et Baioariorum et Gundebadorum — nam in Baioaria et Gundebada non ponitur insuper cultellum —: „proheredes" et „repetitione" et tolle: „esponde te" et mitte „obliga te".)

Et in omnium fine traditionis adde: et insuper mitte poenam stipulacionis nomine, que est multa auri optimi uncias quattuor, argenti pondera octo, quam inferatis ad illam partem, contra quam exinde litem intulleritis et quod repetieritis vendicare non valeatis, et adde: „warpi te"; caetera sunt similia.

(Si vero fit per missum, dic tantum in fine:

„Et ita trade ei per hunc missum et huic notario ad scribendum.")

[15.] Traditio cartae commutationis.

Cum commutatio esse debet, vadat missus episcopi seu abbatis et abbatissae (si est pontificium), si vero abbatia regalis est, missus regis et abbatiae et tres boni extimatores super terram quam debet accipere ecclesia. Et cum responderint, quod bene posset fieri cum lege commutatio, dic:

„Tradite inter vos pars alteri cartam commutationis, domnus episcopus de una petia de terra, quae iacet in *tali* loco et habet coherentias *tales* que est iuris episcopatus sancti Syri, unde tu es episcopus, ad Johannem; et tu, Johannes, invicem unam petiam de vitibus iuris tui, que est in *tali* loco et habet coherentias *tales*, ad episcopum et ad partem ecclesiae, unde ipse est episcopus, ita ut Johannes de ipsa petia de terra faciat dehinc a presenti die proprietario nomine quicquid voluerit sine contradicione, Johannes et sui heredes. Et insuper espondete pars alteri ab omni homine defensare."

(Dehinc vadit uti venditio cum defensione, excepto quod non dicis: „habes precium".)

Et si Salichus est, / laicus vel presbiter, filius Salichi, vadit ut Salicha etiam fit venditio sine defensione; et antequam dicas: „ita tradite duas cartulas commutationis in uno tenore et huic notario ad scribendum", dicat judex:

„Martine fuisti supra illas res?"

„Fui."

„Potest esse haec cambio?"

„Potest."

(Et ita omnes perquirantur, quia a quibusdam extimatores ante traditionem interrogantur, a quibusdam in fine.)

Convenientiae fiunt et precariae ad libitum: et postquam scriptae sunt, confirmantur.

Brevia multa fiunt de multis rebus, ut, ut interroges:

„Precipitis inde fieri breve."

[20.] Qualiter sit noticia salvae querelae.

„Senior comes," hoc dicit Petrus „quod iam per plures vices lamentatus est ad vos de Iohanne, qui sibi contendit malo ordine et contra legem unam petiam de terra, quae iacet in *tali* loco, unde vos sibi pluribus vicibus mandastis vestros missos et epistolas, ut ad placitum vestrum veniret et de illa terra ei iusticiam faceret, et ille noluit venire. Senior comes, recordamini vos ita?"

Recordor.

„Et vos iudices?"

Sic facimus.

„Et propter hoc querit vobis mercedem, ut pro deo et anima domni imperatoris investiatis eum de illa petia de terra ad salvam querelam. Requiris ita, Petre?"

Sic facio.

(Tunc comes investiat eum per fustem quem manu detinet, donec ille veniat et iusticiam faciat.)

„Et super hoc requirit, ut mittatis banum supra eum et super eandem terram, ut non sit aliquis homo, qui audeat eum devestire sine legali iudicio, et si quis ausus fuerit hoc facere, componat duo mille mancusios aureos, medietatem camere domni imperatoris et medietatem Petro vel suis heredibus."

„Precipite fieri noticiam."

---

35. Papst Gregor VII.

[1075. März.]

Sätze über den Universalepiscopat der römischen Kirche (eigene Notizen des Papstes).

Or.-Register Gregors VII.: Rom, Vat. Archiv.
Facs.: W. Peitz, Das Originalregister Gregors VII. im Vatikanischen Archiv (Sitzungsberichte der Akad. d. W., phil.-hist. Kl. 165, 5. I) Wien 1911, Tafel.
Ed.: Jaffé, Bibliotheca rerum Germanicarum II, 174. Caspar, Das Reg. Gregors VII. (M. G. 8. Epp. selectae II, 1) S. 200 (N. II, 55a) mit reichem Apparat. — D.-W.9 6155.

Dictatus papae.

1. Quod Romana ecclesia a solo domino sit fundata.
2. Quod solus Romanus pontifex jure dicatur universalis.
3. Quod ille solus possit deponere episcopos vel reconciliare.
4. Quod legatus eius omnibus episcopis presit in concilio, etiam inferioris gradus; et adversus eos sententiam depositionis possit dare.
5. Quod absentes papa possit deponere.
6. Quod cum excommunicatis ab illo inter cętera nec in eadem domo debemus manere.
7. Quod illi soli licet pro temporis necessitate novas leges condere, novas plebes congregare, de canonica abbatiam facere, et e contra, divitem episcopatum dividere et inopes unire.
8. Quod solus possit uti imperialibus insigniis.
9. Quod solius papę pedes omnes principes deosculentur.
10. Quod illius solius nomen in ecclesiis recitetur.
11. Quod hoc unicum est nomen in mundo.
12. Quod illi liceat imperatores deponere.
13. Quot illi liceat de sede ad sedem necessitate cogente episcopos transmutare.
14. Quod de omni ecclesia, quocumque voluerit, clericum valeat ordinare.

15. Quod ab illo ordinatus alii ecclesię preesse potest, sed non militare; et quod ab aliquo episcopo non debet superiorem gradum accipere.
16. Quod nulla synodus absque praecepto eius debet generalis vocari.
17. Quod nullum capitulum, nullusque liber canonicus habeatur absque illius auctoritate.
18. Quod sententia illius a nullo debeat retractari et ipse omnium solus retractare possit.
19. Quod a nemine ipse iudicari debeat.
20. Quod nullus audeat condemnare apostolicam sedem apellantem.
21. Quod maiores causę cuiuscumque ecclesię ad eam referri debeant.
22. Quod Romana ecclesia numquam erravit nec im perpetuum, scriptura testante, errabit.
23. Quod Romanus pontifex, si canonicę fuerit ordinatus, meritis beati Petri indubitanter efficitur sanctus, testante sancto Ennodio Papiensi episcopo, ei multis sanctis patribus faventibus, sicut in decretis beati Symachi pape continetur.
24. Quod illius praecepto et licentia subiectis liceat accusare.
25. Quod absque synodali conventu possit episcopos deponere et reconciliare.
26. Quod catholicus non habeatur, qui non concordat Romanę ecclesię.
27. Quod a fidelitate iniquorum subiectos potest absolvere.

---

36. Abt Eckehard von der Reichenau.

1075. Mai 2.

Erneuerung des Marktes zu Allensbach.

Or.: Karlsruhe, Generallandesarchiv C. 4.
Facs. weniger Zeilen: Brandi, Reichenauer Urkundenfälschungen, Taf. 2 (vgl. S. 9).
Ed.: Dumgé, Reg. bad. 111. — Schulte, Zeitschr. f. d. Gesch. d. Oberrh. XXXXIV (N. F. V.), 168. Seitdem öfter, z. B. Altmann u. Bernheim, Urkunden; Keutgen, Urkunden 61.

§In nomine sanctae et individue trinitatis.
Eggehardus dei gratia Augiensium abbas.
Noverint omnes fideles presentes scilicet et futuri, qualiter ego Eggehardus cum ad Augiensis abbaciae honorem et §dignitatem

essem electus et consecratus, a fratribus nostris sub nostro magisterio deo militantibus allata sunt nobis quedam precepta Ottonis tertii imperatoris, in quibus scriptum continebatur, qualiter benivolus princeps concessit Alawico Augiensium abbati suisque successoribus potestatem jus atque licentiam, in villa Alospach dicta, quaecumque suae monasteriique utilitati profectura esse cognoverint, exercendi, faciendi, construendi et mercatum in omni ebdomada in quinta feria et monetam omni tempore purissimi argenti secundum suam voluntatem et dispositionem suorum successorum habendi, eo videlicet rationis et stabilitatis ordine, quatenus jam dicta moneta simul cum mercato et omni publica functione ibi pertinente sit sub regimine et disposicione eiusdem dei aecclesiae et abbatum inibi per succedentium temporum curricula consistentium, una cum regali et publico banno, omnium hominum contradictione remota. Insuper imperiali potentia decretum est atque confirmatum, ut quicumque et undecumque ad supradictum mercatum venire voluerit, secure et pacifice veniat et quae negotia rationabilia voluerit, exerceat, comparet et vendat atque ad propria cum omni pacis securitate redeat. Adjunctum est etiam, ut quicumque predictam monetam et mercatum infringere vel condemnare presumpserit vel aliquem illuc venientem molestaverit, eandem pęnam et imperiale bannum persolvat, quod solvere debet, qui Mogontinum et Wormatiense aut Constantiense mercatum et monetam dissipare et annullare temptat.

Nos vero, quoniam tale donum regia munificentia nostro monasterio conlatum antecessorum nostrorum incuria sive neglegentia destructum invenimus, juxta advocati ceterorumque fidelium nostrorum consilium ad meliorem statum perducimus. Omnibus eiusdem oppidi villanis mercandi potestatem concessimus, ut ipsi et eorum posteri sint mercatores, exceptis his, qui in exercendis vineis vel areis occupantur. Ipsi autem mercatores inter se vel inter alios nulla alia faciant judicia preterquam quae Constantiensibus, Basiliensibus et omnibus mercatoribus ab antiquis temporibus sunt concessa, nihilque ab eis ab abbate vel advocato ipsius requiratur, quam quod ex supradictarum urbium episcopis et advocatis a mercatoribus requisitum esse dinoscitur. Statuimus etiam ut tribus vicibus in anno per quatuordecim dies mercatores vinum vel alias res non vendant, donec res abbatis venundentur, et si qui violatores inventi fuerint, imperiale bannum persolvere cogantur. Similiter secundum regiam constitutionem persolvant, qui furtum, rapinam, invasionem, lesionem, molestationem, percussionem, involationem infra terminum ejusdem oppidi facere presumpserint.

Est autem terminus ab orientali plaga quousque ab oppido ingrediatur silva ad Azenhus, a meridie medietas laci, ab occidente vallum cęnolentum ad Husen, ab aquilone rivulus Svarzanbach.

Hanc autem cartam concessionis conscribi fecimus, per quam posteris innotescere decrevimus haec omnia ad monasterii nostri provectum fecisse, ne quis postmodum temere presumat violare, destruere et adnihilare. Quodsi aut ego ipse aut aliquis successorum meorum mercatores super tali concessione inquietare vel molestare nostraque decreta infirmare presumat, inceptum perficere nequeat, vindictamque dei reus incurrat.

Nomina testium qui presentes fuerunt [et] consenserunt: ipse abbas Eggehardus et pater ejus Eberhardus comes; milites abbatis: Hezil advocatus, Manegolt, Uuolu[uerat]; servi aecclesiae: Purchart, item Purchart, Marchuuart, Perhtolt, Heriman, Hetti, Perhtolt, Erchanbreht, Ruoprecht, Liutfrit et alii.

Data VI. nonas Majas anno ab incarnatione domini nostri Jesu Christi MLXXV., indictione XIII., in die Saturni, luna XIII., regnante Heinrico rege quarto, anno regni ejus XIX.

Ego Benzo diaconus et custos armarii, jussu abbatis scripsi.

---

37. Abt Ulrich von der Reichenau.

1100.

Erlaß des Marktrechts für Radolfzell.

Überlieferung nur in jüngerer Abschrift, vgl. S c h u l t e, *Zeitschr. f. d. Gesch. d. Oberrheins XXXXIV (N. F. V.), 141. 1890. Seitdem die reichste Literatur (vgl. Nr. 36 u. D.-W.*[9] *7237).*

Notificamus omnibus fidelibus tam praesentibus quam futuris, qualiter ego Ŏdalricus dei gratia Augiensis ecclesie abbas vocatus et Lampertus de Ratolfiscella legitimus advocatus, cum consensu Burchardi villici et canonicorum ejusdem praelibatae zelle, Adilhelmi plebani, Gerungi et aliorum ibidem deo serviencium et laicorum ibi manentium majorum et minorum, auctoritate et precepto Hainrici imperatoris tercii in villa Ratolfi forum statuimus et sic ordinavimus.

Partem ville, quae foro sufficeret, sub omni jure fori ei donavimus eo videlicet jure et libertate, ut ipsa terra omni homini cuiuscunque condicionis liceret emere, vendere et libere in allodio possidere, sine omni contradictione, excepto quod emptor villico quartarium vini persolvat, sive multum sive paucum de terra emat.

Hoc eciam constituimus, ut idem forum sub nullo districtu constaret, sed justiciam et libertatem Constantiensem, quae jus fori est, semper obtineret.

Famulos autem ejusdem prefate ecclesie utriusque sexus in suo jure permanere decrevimus. Sed quia dampnum familie sic cognovimus, quod ligna copiose et pascua late antea possiderunt, postea strictius habuerunt, ideo ipsis concessimus et pro lege statuimus, ut in foro sub nullo banno emant, vendant et nulli judicum de empcione [et] de vendicione pro jure fori respondeant.

Et quia nostrum est, ecclesiis et ecclesie hominibus tam de futuris quam de presentibus in magna diligencia providere, ideo volumus et hoc nos contradicere, quod si forte aliquis ecclesie famulus in foro domum emerit vel quocunque modo ibi allodium possederit, statuimus hoc et pro lege damus, ut nec advocatus nec villicus nec aliqua secularis potestas ipsum occasione allodii a judicio fori vocet ad presenciam sui, nisi jus fori poscat[1] vel suscipiat. Et si secularis potestas vel qualiscunque persona ipsum habet impetere, ad presenciam famulorum ecclesie vocetur et omnis controversia et pulsacio, que in ipsum est, judicio illorum terminetur.

Actum anno MC, indictione VIII., regnante imperatore Heinrico tertio, consentiente cancellario Adelberchto, Friderico duce.

Hujus rei testes interfuerunt Algerus prepositus, Egino decanus et alii multi.

38. Vir nobilis Ugo.

[Nach 1102, Tegernsee].

Precaria auf Lebenszeit und Schenkung an die Mönche von Tegernsee.

Or. Salbuch von Tegernsee (I): München, Reichsarchiv, Tegernsee, 7. Facs.: Chroust, Mon. pal., 2 Ser. III, 3 (Ges. N. 263).

Noticię clarescat universorum fidelium / pręsentium vel futurorum, qualiter nobilis / homo, Ǒgo dictus, a pię memorię abbate / Ǒdalscalhcho predium quoddam ad Wen/ginpach situm, quod aptum est ad possi/dendum, et unam hǒbam inibi iacentem in / beneficium pręstari sibi petiit, et illud im/petravit.

Econtra ille aliam hǒbam ad / Stlagastein sitam ad altare sancti Quiryni / martiris tradidit in usum fratrum Tegrinse com/manentium absque ulla contradictione / omnium in Christo viventium.

Tale ergo pactum / eo tenore est stabilitum, ut quando prędictus / cliens pręsentem vitam finiret, fundum ipsum / cum manso quos habuit in beneficium / ad aram sepedicti martiris iterum redirent /.

Huius rei testes sunt per aurem tracti:
Wolvolt. Willihalm. Pernhart. Sigiboto. Sigimar. Heinrich. Sigimar.

---

[1] ponat *Abschrift*.

39. Kaiser Heinrich V.

[1122. Sept. 23.]

Verzicht auf die Investitur mit Ring und Stab, Friedensschluß mit Papst Calixt II. (Wormser Concordat.)

Or. (*Goldbulle abgefallen*): *Rom, Vatikanisches Archiv.*
Facs.: *Sickel* und *Bresslau*, *Die kaiserliche Ausfertigung des Wormser Konkordats* (*Mitt. d. Inst. f. österr. Gesch. VI*); *Heyck*, *Deutsche Gesch. I, S. 386.*
Ed.: *Mon. Germ. Const. I, 159* (*N. 107*). — *Vgl. D.-W.9 6325 f.*

In nomine sanctę et individuę trinitatis.

Ego Heinricus, dei gratia Romanorum imperator augustus.

Pro amore dei et sanctę Romanę ęcclesię et domini papę Calixti et pro remedio animę / meę dimitto deo et sanctis dei apostolis Petro et Paulo sanctęque catholicę ęcclesię omnem investituram per anulum et baculum, et concedo in omnibus ęcclesiis, quę / in regno vel imperio meo sunt, canonicam fieri electionem et liberam consecrationem.

Possessiones et regalia beati Petri, quę a principio huius discordię / usque ad hodiernam diem sive tempore patris mei, sive etiam meo ablata sunt, quę habeo, eidem sanctę Romanę ęcclesię restituo, quę autem non habeo, ut / restituantur fideliter iuvabo. Possessiones etiam aliarum omnium ęcclesiarum et principum et aliorum tam clericorum quam laicorum, quę in werra ista amissę sunt, / consilio principum vel iusticia, quę habeo, reddam, quę non habeo, ut reddantur fideliter iuvabo.

Et do veram pacem domino papę Calixto sanctęque / Romanę ęcclesię et omnibus qui in parte ipsius sunt vel fuerunt. Et in quibus sancta Romana ęcclesia auxilium postulaverit, fideliter iuvabo et, de / quibus mihi fecerit querimoniam, debitam sibi faciam justiciam.

Hęc omnia acta sunt consensu et consilio principum, quorum nomina subscripta sunt: / Adelbertus archiepiscopus Mogontinus, F. Coloniensis archiepiscopus, H. Ratisbonensis episcopus, O. Bavenbergensis episcopus, B. Spirensis episcopus, H. Augustensis, G. Traiectensis, Ŏ. Constanciensis, / E. abbas Vuldensis, Heinricus dux, Fridericus dux, S. dux, Pertolfus dux, marchio Teipoldus, marchio Engelbertus, Godefridus palatinus, Otto palatinus comes, / Beringarius comes.

[*eigh.*] † [*eigh.*] Ego Fridericus Coloniensis archiepiscopus et archicancellarius recognovi. /

40. Papst Calixtus II.

[1122. Sept. 23.]

Zugeständnisse in bezug auf die Wahl und Lehnspflicht der Reichsbischöfe und -Äbte (Wormser Konkordat).

Or. verschollen. — Abschriften des 12. Jh.
Ed.: Mon. Germ. Const. I, 160 (N. 108).

Ego Calixtus episcopus servus servorum dei

tibi dilecto filio Heinrico, Dei gratia Romanorum imperatori augusto, concedo, electiones episcoporum et abbatum Teutonici regni, qui ad regnum pertinent, in praesentia tua fieri, absque simonia et aliqua violentia; ut si qua inter partes discordia emerserit, metropolitani et conprovincialium consilio vel judicio, saniori parti assensum et auxilium praebeas. Electus autem regalia per sceptrum a te recipiat et, quae ex his jure tibi debet, faciat.

Ex aliis vero partibus imperii consecratus infra sex menses regalia per sceptrum a te recipiat et, quae ex his jure tibi debet, faciat; exceptis omnibus quae ad Romanam ecclesiam pertinere noscuntur.

De quibus vero mihi querimoniam feceris et auxilium postulaveris, secundum officii mei debitum auxilium tibi praestabo.

Do tibi veram pacem et omnibus qui in parte tua sunt vel fuerunt tempore huius discordiae.

---

41. König Heinrich I. von England.

[1126/27.]

Vergabt Land an Eustach von Barenton als Forestarius.

Or. (anhäng. Siegel verloren): London, Brit. Mus. Add. Ch. 28313.
Facs.: Facs. of royal and other charters in the Brit. Mus. (L. 1903) 8.
Zu Forestis vgl. Arch. f. Urk.-Forsch. II, 101, 110, N. 6; zu den anglonormannischen Urk. Brandi, Gött. Gel. Anz. 1905, 954ff., Wissmann, Arch. f. Urk.-Forsch. III, 251.

H. rex Anglorum.

Episcopo Lundoniensi et Alberico de Ver, vicecomiti et omnibus baronibus de / Essexa, salutem.

Sciatis me dedisse et concessisse Eustacio de Barentona, servienti / meo, terram illam quę fuit Gaufridi foristarii in Hatfelda, solutam et quietam, pro custo/dia forestę meę.

Et preter illam concedo ei terram, quę fuit Adam, qui se forisfecit de / foresta mea pro XII solidis, reddendis inde per annum, sicut Adam eam habebat die qua se forisfecit / de foresta mea. Et volo et precipio quod bene et in pace et honorifice teneat. Testibus / Roberto de Sigillo et Willelmo de Montefichet et Alberico de Ver et Roberto de Ver / et Roberto de Essexa. Apud Lundonias.

---

42. Aus den Kölner Schreinsurkunden.

[Gegen 1142, Köln.]

Eintragungen über Erwerb von Häusern oder Hausteilen.

Or. (*erste Schreinskarte der Parochie St. Martin*)*: Köln, Stadtarchiv. Facs. u. Text: Chroust, Mon. palaeographica, 2. Ser. VIII, 9, 10. Ed.: Hoeniger, Kölner Schreinsurkunden I, 20. — Zur Schreinspraxis vgl. K. Beyerle, Quellenreihe z. Gesch. d. ält. Kölner Schreinswesens* (*Köln 1930*) *und Zs. f. Rechtsgesch. germ. Abt. 1931, S. 308.*

[*Z. 267*] Notum sit omnibus tam futuris quam praesentibus[1], / qualiter ego Liudolfus cum uxore mea / Gůderada, nec non[2] et nostris filiis, venimus ad filios / Christiani pro domo illa, quam in vadio de patre / et matre eorum habuimus. Illam mihi in proprietatem / tradiderunt et dominum suum Reginardum de Reinte[2] miserunt /, qui in curia agendarum rerum mihi et uxori mee / et filiis nostris[3] hoc confirmaret[4] coram / civibus et judicibus; ea de causa amam vini / civibus nostris presentavi, ut sint nobis / testes, si necesse fuerit.

[*Z. 306*] Notum sit omnibus tam futuris quam presentibus, / qualiter Heinricus filius Tiderici legitime[5] ux/ori sue Hadewige dimidiam partem sue do/mus quamdiu ipsa viveret tradidit, pos/tea vero predicti Heinrici heredes suam / hereditatem libere recipiant; ipsa / autem predictam hereditatem suscepit[2] et coram Heinri/co comite et coram civibus et civium / magistris, quibus amam vino dedit, ut / suo honore mihi sint testes[6], si nobis necesse / fuerit.

[*Z. 317*] Notum sit omnibus tam futuris quam pręsenti/bus, quod Heinricus filius Thiderici quartam / partem cuiusdam domus fratribus sancti Pantaleo/nis dedit pro remedio animę suę. Quod con/firmaverunt fratres coram civibus et coram Hein/rico comite, data pro testimonio ama / vini ipsis civibus.

---

[1] prosentibus *Or.* [2] über der Zeile *nachgetragen.* [3] nristris *Or.*
[4] confirimaret *Or.* [5] legime *Or.* [6] tetes *Or.* (*über der Zeile*).

Hoc tempore fuit ma/gister civium Vogel. Cum hoc eis confirmatum fuisset, venerunt / fratres in liberum placitum liberi comitis / et ipse comes fecit eis bannum et pacem / super hanc eorum proprietatem, sine aliqua / contradictione.

---

43. William, fitz Ouen.

1151.

Schenkung von Erbland an St. Denis zu Southampton und Traditio per cultellum.

Or. (*mit Schlitzen für das Messer*): *London, British Museum, Harley Ch. 50 A 8.*
Facs.: Facsimiles of royal and other charters (*London 1903*), *32.*
Zu Urkunde und Symbol vgl. Tangl, Festschrift für Brunner, 761 ff. u. Wissmann, Arch. f. Urk.-forsch. III, 263, Note.

† Notum sit omnibus tam presentibus quam futuris fidelibus, quod ego Willelmus, filius Audoeni, deo inspirante, / terram meam de Norham, quam ex patrimonio meo susceperam, pro anima mea et pro animabus antecessorum / meorum ecclesię beati Dionisii que iuxta Hamtonam sita est, per manum Henrici Wintoniensis episcopi in / elemosinam dedi, iure perpetuo possidendam.

Quam donationem in presentia Adelardi prioris et conventus / eiusdem ecclesię per hunc cultellum confirmavi.

Teste magistro Antelmo priore et Galterio canonico ipsius / et Henrico cancellario episcopi Wintoniensis, Turstano clerico, Radulfo scriptore, Galterio scriptore, / Osberto constabulario de Hamtona, Bonifacio, Henrico filio eius, Willelmo fratre eius, Atso fratre eius, Snelgaro, / Rotcelino fabre, Bacheler fabre, Henrico de Norham et filiis suis, Matheo filio meo, Iocelino / nepote meo.

Facta est hec donatio anno incarnationis domini MCLI.

---

44. Kaiser Friedrich I.

1180, April 13. Gelnhausen.

Übertragung eines Teils des eingezogenen Herzogtums Sachsen an den Erzbischof von Köln unter Bericht über den Prozeß gegen Heinrich den Löwen.

Or. (*Schrift z. T. zerstört*) *mit anhängender Goldbulle: Düsseldorf, Staatsarchiv, Stift Köln 35. — Abschriften des XIV. Jh. ebd. u. Stadtarchiv Köln.*

Facs.: F. Güterbock, Die Gelnhäuser Urk. u. der Prozeß H. d. L. 1920, auch J. Haller, Arch. f. Urk.-Forsch., III.
Ed.: Mon. Germ. Const. I, 384. Güterbock aaO. — Vgl. N. A. 49 (1931). DW.9 6629.

C. § In nomine sancte et individuę trinitatis.
Fridericus divina favente clementia Romanorum imperator augustus. § /

Quoniam humana labilis est memoria et turbę rerum non sufficit, predecessorum etatis nostrę divorum imperatorum et regum diva decrevit auctoritas, litteris annotare, quę fluentium temporum antiquitas a notitia hominum / consuevit alienare.

Proinde tam presentium quam futurorum imperii fidelium noverit universitas, qualiter Heinricus quondam dux Bawarię et Westfalię, eo quod ecclesiarum dei et nobilium imperii liberta/tem, possessiones eorum occupando et iura ipsorum imminuendo, graviter oppresserat, ex instanti principum querimonia et plurimorum nobilium quia[1] citatione vocatus, maiestati nostrę presentari contempserit et pro hac / contumacia principum et suę conditionis Suevorum proscriptionis nostrę inciderit sententiam; deinde quoniam in ecclesias dei et principum ac nobilium iura et libertatem crassari non destitit[2], tam pro illorum iniuria / quam pro multiplici contemptu nobis exhibito ac precipue pro evidenti reatu maiestatis sub feodali iure legitimo trino edicto ad nostram citatus audientiam, eo quod se absentasset nec aliquem pro se / misisset responsalem, contumax iudicatus est ac proinde tam ducatus Bawarię quam Westfalię et Angarię quam etiam universa quę ab imperio tenuit beneficia per unanimem principum / sententiam in sollempni curia Wirziburc celebrata ei abiudicata sunt nostroque iuri addicta et potestati.

Nos itaque habita cum principibus deliberatione, communi ipsorum consilio ducatum / qui dicitur Westfalię et Angarię in duo divisimus et consideratione meritorum, quibus dilectus princeps noster Phylippus Coloniensis archiepiscopus ob honorem imperialis coronę promovendum et manutenendum nec rerum / dispendia nec personę formidans pericula, gratię imperialis promeruit privilegium, unam partem, eam videlicet quę in episcopatum Coloniensem et per totum Pathebrunnensem episcopatum protendebatur, cum omni iure / et iurisdictione, videlicet cum comitatibus, cum advocatiis, cum conductibus, cum mansis, cum curtibus, cum beneficiis, cum ministerialibus, cum mancipiis et cum omnibus ad eundem ducatum pertinentibus ecclesię Coloni/ensi legitimo donationis titulo imperatoria liberalitate contulimus. Et requisita a principibus sententia, an id fieri

---

[1] *Lesung Hallers:* trina; *vgl. dazu jetzt noch Güterbock, N. A. 49 (1931) 472 ff.*
[2] destiterit *frühere Drucke gegen Or. u. Abschr.*

liceret, et ea dictata et communi principum et totius curię assensu approbata, accedente / quoque publico consensu dilecti consanguinei nostri ducis Bernhardi, cui reliquam partem ducatus concessimus, prememoratum archiepiscopum Philippum portione illa ducatus suę collata ecclesię vexillo / imperiali sollempniter investivimus.

Hanc igitur legitimam nostrę maiestatis donationem et investituram Coloniensi ecclesię et sepedicto principi nostro Phylippo archiepiscopo omnibusque suis successoribus confirmantes et / in omne posteritatis evum eis ratam permanere volentes, ne quis eam ausu temerario infringere vel quomodolibet violare attemptaverit, imperiali edicto inhibemus et hanc nostram constitucionem presenti privile/gio aurea excellentię nostrę bulla insignito corroboramus autentice, testibus annotatis qui huic facto interfuerunt.

Sunt autem hii: Arnoldus Treverensis archiepiscopus, Wigmannus Magdeburgensis ar/chiepiscopus, Cůnradus Salzeburgensis archiepiscopus, Sifridus Bremensis electus, Cůnradus Wormatiensis episcopus, Růdulfus Leodiensis episcopus, Bertrammus Metensis episcopus, Arnoldus Osnaburgensis episcopus, / Cůnradus abbas Fuldensis, Adolfus abbas Hersveldensis, Lotarius prepositus Bunnensis, Ludewicus palatinus Saxonię et langravius Thuringię, Bernhardus dux Westfalię et Angarię, Gote/fridus dux Lotaringię, Fridericus dux Suevię, Otto marchio de Brandinburc, Teodericus marchio de Lusiz, Dedo comes de Groix, Sifridus comes de Orlamunde, Rubertus comes de Nas/sowe, Emicho comes de Liningen, Engelbertus comes de Monte, Teodericus comes de Hostate, Gerardus comes de Nůrberc, Heinricus comes de Arnisberc, Hermannus comes de Ravi/nisperc, Heinricus comes de Kuc, Wernherus comes de Witichinstein, Widikindus de Waltecke, Fridericus de Anfurde, Hartmannus de Bůtingin, Wernherus de Bolande, Cůnradus pincerna, Heinricus marscalcus de Bappinheim, Siboto de Groix camerarius, et alii quam plures.

✠ Signum domini Friderici Romanorum imperatoris invictissimi ✠ [M].

Ego Gotefridus imperialis aulę cancellarius vice Cristiani Maguntinę sedis archiepiscopi et Germanię archicancellarii recognovi.

Acta sunt hec anno dominicę incarnationis MCLXXX., indictione XIIIª, regnante domino Friderico Romanorum imperatore invictissimo / anno regni eius XXIXº, imperii vero XXVIº, feliciter, Amen. Datum in sollempni curia Geilinhusin in territorio Maguntino, idibus aprilis.

45. Hofgericht König Heinrichs II. von England.

1182, Mai 1. Westminster.

Fine über den Verzicht Williams de Wi auf Land in Elham gegenüber dem Konvent von Rochester, nebst Urkundenrückgabe.

Or. (Chirographum): London, Brit. Mus. Cotton Ch. II, 3. Facs. und Text: Facsimiles of royal and other charters, 63. Über Fine vgl. Pollock and Maitland, Hist. of Engl. law II, 94 ff. Th. Madox, Formulare Anglicanum, Einleitung

CIROGRAPHVM.[1] /

Hic est finis, factus in curia domini regis apud Westmonasterium, die sabbati, in festo apostolorum Philippi et Ja/cobi, anno regni regis Henrici secundi XX° VIII°,

coram R. Wintoniensi et G. Eliensi et I. Norvicensi episcopis / Rannulfo de Glanvilla iusticiario domini regis et Ricardo thesaurario domini regis et Rogero filio Reinfridi / et Thoma filio Bernardi et Willelmo Torel et Willelmo de Albervilla et Waltero filio Roberti et Gervasio de / Cornhilla et ceteris baronibus et fidelibus domini regis, qui tunc ibi aderant,

inter Ricardum, priorem et conventum de / Rouecestria et Willelmum filium Radulfi de Wi de terra predictorum monachorum de Elham, quam ei vendiderant pro XX marcis / et carta sua confirmaverant, scilicet quod predictus Willelmus totam terram predictam quietam clamavit predicto priori et conven/tui de se et heredibus suis in perpetuum.

Et quia cartam predictorum monachorum, quam de terra ipsa habuerat, perdiderat, / coram predictis baronibus promisit, quod si eandem cartam possit invenire, eis reddet. Et cartam confirmationis / domini regis, quam inde habuit, eis reddidit. Et pro hac quieta clamantia dederunt idem prior et conventus eidem / Willelmo XXX marcas argenti.

---

46. Fälschung auf den Namen Pabst Urbans III.

[1186, Febr. 23.]

Beschreibung und Bestätigung der Besitzungen des Bistums Schwerin in hergebrachten Kanzleiformen.

Urschrift (Kanzleifälschung): Hannover, St.-A. Erzstift Bremen 43. Facs.: Archiv f. Urkundenforschung I, Tafel V (verkleinert). — Pflugk-Harttung, Spec. sel. chart. Rom. pont. 97.

---

[1] *Von dem quer hindurchgehenden Zackenschnitt teilweise zerstört.*

Ed.: Mecklenburgisches Urkundenbuch, I, 141. — J. L. 15533. Nachweis der Fälschung i. J. 1225 durch Kritik des Inhalts (bei vollkommem kanzleimäßiger Ausstattung) F. Salis, Die Schweriner Fälschungen, Arch. f. Urk.-Forsch. I, 273, 295 ff.

§Urbanus episcopus servus servorum dei:

Venerabili fratri Bernoni, Magnopolitane ecclesie episcopo, eiusque successoribus canonice substituendis in perpetuum.§

Benedicta gloria domini de loco sancto suo de quo pater omnipotens ad nostre mortalitatis cursum solita pietate respiciens ecclesiam suam nove prolis fecunditate multiplicat et fidelium predicatorum verbo pariter et / doctrina dilatat, trahens in sagena fidei barbaras etiam nationes, ut qui fuerant aliquando tenebre filii, lucis effici mereantur et juxta verbum prophete in cubilibus in quibus prius dracones habitabant / viror calami et junci rore sancti spiritus oriatur.

Ex eius itaque munere fuit qui vult omnes homines salvos fieri et ad agnitionem veritatis venire, quod tu venerabilis in Christo frater episcope Berno ad predicandum / paganis et seminandum verbum fidei episcopus institutus, exposuisti te ipsum laboribus et periculis et attendens, quod Christus pro nobis mortuus est, ut qui vivit iam non sibi vivat, sed ei qui pro nobis mor/tuus est et resurrexit, in ancxietatibus multis sparsisti semen divinum et erogasti talentum tibi creditum ad usuram et gentes plurimas, que ignorabant deum, veritatis lumine illustrasti et / reduxisti ad cultum dei que ante captive laqueis diaboli tenebantur.

Nunc igitur, quoniam a sede apostolica postulasti, ut episcopalem sedem in loco qui dicitur Zuerin auctoritate sacrosancte Romane, cui deo / auctore deservimus, ecclesie confirmemus, nos tue postulationi grato concurrentes assensu, ad exemplar felicis memorie §Alexandri§ pape predecessoris nostri, pontificalem cathedram in eodem loco manere statui/mus, et ei subscripta loca diocesiana lege futuris deinceps temporibus decrevimus subiacere: Claustra et ecclesias edificatas vel edificandas per provincias ducis Henrici, quarum una que Mykelenburch nun/cupatur,tendit usque ad provinciam que dicitur Brezen usque in mare et sic iuxta maritimam pervenit terminus episcopalis usque in Ruyiam, ipsam insulam dimidiam includens; a Ruyia autem usque ad Penum flu/vium ubi idem fluit in mare; inde autem usque Wolegost et a Wolegost Penum fluvium sursum versus usque Mizerech, ipsam terram Myzerech usque Plote includens; et terram Plote totam usque Tolenze; ipsam / provinciam Tolenze cum omnibus insulis suis et terminis totam includens; a Tolenze autem ad silvam que dicitur Bezwt, que distinguit terras Havelberge scilicet et Moriz; eandem quoque terram Moriz et Veprowe cum / omnibus terminis suis ad terram que Warnowe vocatur includens, et terram

Warnowe cum omnibus terminis suis ex utraque parte fluminis, quod Eldene dicitur, usque ad castrum quod Grabowe nuncupatur, ipsum / flumen transiens ibidem tendit ad fluvium qui dicitur Zuden, comprehendendo omnia attinentia provincie Zuerinensis; et ab hoc fluvio procedunt termini secundum distinctionem provinciarum Razeburk et Zuerin usque / ad Brezen. Ex predicti ducis dono secundum distinctionem ipsius partem civitatis Zuerinensis a domo piscatoris cuiusdam cui nomen erat Suk ad vetus cimiterium directe tendentem et idem transeuntem usque in / scalam cuius medietatem includit, et ultra paludem eidem scale proximam totam insulam et molendinum a civitate in parte aquilonis situm, et parrochiam predicte civitatis cum omni jure; quatuor villas in pro/vincia Zuerinensi: Medewede, Honthorp, Rampe, Wotuekitz nuncupatas; ex altera parte Albie tres villas et in Sadelbandia unam villam Borist; et in terra que dicitur Brezen duas villas; insulam que dicitur Lypiz / et duas villas Klinen et Galanze; et castrum Butessowe cum terra sibi attinenti et octo villas in Mikelenburch quas Pribizlaus cum omni iure in Butessowe commutavit, quarum nomina sunt hec: Nezebul, Warin, Glam/beke, Colenin, duas Mankemase vocatas, Lubinze, Dargemezle et omnes villas terre que dicitur nova cum omni iure in Butessowe commutatas a Pribizlauo; a Butessowe in utraque parte aque que Nebula dicitur usque ad terram / que Tribeden vocatur; a Butessowe autem sursum versus aquam que dicitur Warnowe ad locum qui Ztulp nominatur; et terram adjacentem Butessowe, Werle dictam, usque ad fluvios Nehmenzeke et Zarnowe dictos cum omni / iure; et in terra que Ylowe nuncupatur duas villas cum omni iure; Doberan vero et totam terram Gobange spectantem; in terra Kizin duas villas, villam sancti Godehardi scilicet et aliam sibi adiacentem, cum omni iure; ex dono / Kazamari principis christianissimi in Bard duas villas cum omni utilitate, et terram eidem adiacentem Pitne dictam cum omni iure; duas villas prope Dunin Wteneke et aliam adiacentem et locum Dargun dictum in quo / predictus episcopus cenobium fundavit et duas villas in Scircipene, unam villam in Moriz et unam in Warnowe et omnem decimam per universum episcopatum.

Preterea quascumque possessiones, quecumque bona eadem ecclesia in pre/sentiarum iuste et canonice possidet aut in futurum concessione pontificum, largitione regum vel principum, oblatione fidelium seu aliis iustis modis prestante[1] domino poterit adipisci, firma tibi tuisque suc/cessoribus et illibata permaneant.

Decernimus ergo, ut nulli omnino hominum liceat prefatam ecclesiam temere perturbare aut eius possessiones auferre, vel ablatas retinere, minuere aut aliquibus vexationibus fatigare, / sed omnia

---

[1] prerante *Or.*

integra conserventur eorum pro quorum gubernatione ac sustentatione concessa sunt usibus omnimodis profutura, salva in omnibus apostolice sedis auctoritate.

Si qua igitur in futurum ecclesiastica secularisve / persona hanc nostre constitutionis paginam sciens temere contra eam venire tentaverit, secundo tertiove commonita, nisi reatum suum digna satisfactione correxerit, potestatis honorisque sui dignitate careat reamque / se divino iudicio existere de perpetrata iniquitate cognoscat et a sacratissimo corpore ac sanguine dei et domini redemptoris nostri Jesu Christi aliena fiat atque in extremo examine divine ultioni subiaceat. Cunctis / autem eidem loco sua iura servantibus sit pax domini nostri Jesu Christi, quatenus et hic fructum bone actionis percipiant et apud districtum iudicem premia eterne pacis inveniant. § Amen. Amen. Amen. §

[*Rota*: Ad te domine levavi animam meam. † S. Petrus / S. Paulus // Urba/nus/pp/III]

Ego Urbanus catholice ecclesie episcopus ss. [*Benevalete*]

† Ego Theodinus Portuensis et Sancte Rufine sedis episcopus ss.

† Ego Henricus Albanensis episcopus ss.

† Ego Theobaldus Hostiensis et Velletrensis episcopus ss.

† Ego Johs. presbiter card. tt. sci. Marci ss.

† Ego Laborans pbr. card. S. Marie trans Tiberim tt. Calixti ss.

† Ego Pandulfus pbr. card. tt. basilice XII apostolorum ss.

† Ego Albinus tt. sancte crucis in Ierusalem pbr. card. ss.

† Ego Melior pbr. card. sanctorum Iohannis et Pauli tt. Pagrachii ss.

† Ego Adelardus tt. sancti Marcelli pbr. card. ss.

† Ego Ardicio diaconus cardinalis sancti Theodori ss.

† Ego Gratianus sanctorum Cosme et Damiani diaconus cardinalis ss.

† Ego Soffredus sancte Marie in via lata diaconus cardinalis ss.

† Ego Rollandus sancte Marie in porticu diaconus cardinalis ss.

† Ego Petrus sancti Nicholai in carce[re] Tulliano diaconus cardinalis ss.

† Ego Randulfus sancti Georgii ad velum aureum cardinalis diaconus ss.

Data per manum Transmundi sancte Romane ecclesie notarii, VII. kl. martii, indictione IIII., incarnationis dominice anno MCLXXXV. pontificatus vero domni § Urbani § pape III. anno primo.

---

47. Kaiser Friedrich I.

[1188/89].

Brief an den Konvent von Schaffhausen.

Or. (*mit Spuren des Verschlusses durch eingezogene Pergamentstreifen*): *Schaffhausen.*
Fasc.: *Kaiserurkunden in Abbildungen X, 16, f.*
Ed.: *Stumpf, Acta imperii* (*III*) *529.*

F. dei gratia Romanorum imperator et semper augustus dilectis suis universo conventui in S[c]av/husin gratiam suam et omne bonum. Dum dilectus noster, abbas vester, apud nos esset, pro/camerario nostro Cůnrado dilectionem ipsius affectuose sollicitavimus, ut curiam / quandam, sitam [iuxta Renum][1] ipsi concederet. Ipse vero abbas, cum eandem curiam / prestare posset, universitati vestre in ea parte deferens et per vos occasionem sibi / querens, nobis respondit, se in hac nostra peticione nichil facturum sine om/nium vestrum voluntate et consilio. Verum, quoniam hec nostra peticio usque ad vos sus/pensa est, devotionem vestram, de qua nichil ambigui concipimus, attenta precum / instantia commonendo rogamus, quatenus super hoc verbo favorem et benivolentiam vestram / nobis accomodetis et abbatem una nobiscum et propter nos diligenter commoneatis et ro/gando ei suggeratis, ut antedictam curiam Cůnrado camerario nostro concedat. /

Preter hec rogamus acceptam nobis fidelitatem vestram, quatenus eidem Cůnrado preben/dam unam de benivolentia vestra concedatis ⟨et⟩, quam ab antecessoribus vestris habuit et permit/tatis ob nostrum interventum ut eam pro remedio animę suę personę, que ad / hoc fuerit idonea, cum bona vestra voluntate conferat. /

Auf der Rückseite: Abbati de Scafhusen [*Siegel*].

---

48. Imbreviatur des Notars Erzo.

1192, März 16. Trient.

Authentiziert durch den Notar Zacheus (1250—73).

Or.: *Statthalterei-Archiv Innsbruck.*
Facs. u. Druck: *Redlich u. Gross, Privaturkunden* (*Urkk. u. Siegel in Nachbildungen III. Leipzig 1914*), *Taf. VII b.*

† Millesimo C. LXXXXII., indictione X., die XVI. intrante marcio, in camera inter episcopatum et ecclesiam sancti Vigilii.

---

[1] *Von anderer Hand auf leergelassenem Raum eingefügt.*

Testes: Magister Romanus et Geremia et Mar[tinus] plevanus Vala de Meç, Swikerius Martini Pexatus, Americus de Civeçano et Ropretus filius Amaniensi Acili et aliis.

Ibi tamen filius Brexenelmi reffutavit in episcopo C[unrado] / I. runcum in Misignano. A latere: emptor; ab alio: via; ab dosus et ipse.

Investivit Odolricum cugnatum Cobferarii, ad fictum in sancto Michaele / I. ornam canipe boni vini; vendidit XX solidis; sin autem, / I. libram piperis. Et gwarantavit. Et hoc pro LXXV libris.

(S. N.) Ego Zacheus, sacri palacii notarius, ex auctoritate et precepto domini Egenonis episcopi Tridentini secundum quod in breviaturis condam Erçonis notarii inveni nichil plus vel minus, quod sensum vel sententiam mutet, preter punctum vel sillabam scripsi, meum ignum aposui et me subscripsi.

---

49. Herzog Philipp von Schwaben.

1198. Jan. 21.

Vertrag mit den Bürgern von Speyer für sich und König Friedrich.

Or. (*Siegel abgerissen*)*: Univ.-Bibl. Heidelberg.*
Facs.: Kaiser-Urk. in Abb. X, 21 a.
Ed.: Hilgard, *Urk. z. Gesch. d. Stadt Speyer, 25* (*N. 22*). *Mon. Germ. Const. II, 617* (*N. 447*) — *B. F. 15.*

x In nomine sancte et individue trinitatis. x

Ph[ilippus] divina favente gratia dux Suevie.

Ea que geruntur in tempore, / ne sequantur naturam temporis ex voce testium et scripti sumunt memoria[1] firmamentum.

Notum ergo fieri volumus tam futuris quam presentibus quod / post decessum H[einrici] gloriosissimi imperatoris et fratris nostri Spiram venientes, tam ex persona domini nostri regis quam nostra consilium et auxilium a civibus / illius civitatis expetivimus. Ipsi vero communicato consilio hac forma nobiscum convenerunt, quod, si necesse haberemus, exercitui nostro in navigio preparando / prout melius possent nobis subvenirent et in victualibus forum nobis secundum possibilitatem temporis et suam exhiberent. Preterea promiserunt quod, si / necesse haberemus, infra civitatem cum XXX militibus nos benigne reciperent, hoc tamen interposito, quod exercitum nostrum nec in civitate nec in / suburbio civitatis faceremus hospitari. Preterea si quisquam cum exercitu fines illius episcopatus invaderet, ipsi cum episcopo et ministerialibus nobis et e converso / nos eis mutuum ferre promisimus auxilium.

---

[1] *Korr. aus* memorie *Or.*

Super his omnibus cives nobis cautionem jurisjurandi prestiterunt.

Nos vero fidelitatem civitatis / illius, qua semper parentibus et antecessoribus nostris devota extitit, debita pietate respicientes, tam ex persona domini regis, quam nostra, omne jus ab antiquis / imperatoribus ei per privilegia collatum renovando confirmavimus et hec, in quibus cives sepius se gravari conquesti sunt, nominatim expressimus, scilicet / quod infra terminos episcopatus illius a nullo judice ecclesiastico vel seculari h[oc q]uod vulgo dincganc dicitur vel aliqua exactio de bonis ci/vium Spirensium preter censum, si quis ex eis debetur, exigatur. Preterea civitati illi indulsimus, quod nec dominus rex nec nos aliquam in ea / specialem vel communem faciamus exactionem, nisi cives ex libero arbitrio spontaneum nobis et competens servicium duxerint exhibendum. / Preterea secundum ordinationem H[einrici] felicis memorie imperatoris augusti civitati tam auctoritate domini regis, quam nostra, indulsimus, ut libertatem habeat / XII ex civibus suis eligendi, qui per juramentum ad hoc constringantur, ut universitati, prout melius possint et sciant, provideant et eorum consilio civitas / gubernetur.

Super hiis omnibus civitati per homines nostros, qui subscripti sunt, cautionem juramenti fecimus exhiberi, quorum nomina sunt / hec: Ludowicus comes de Helfenstein, Wolvradus comes de Ueringen, Werneherus de Rossewâch, Heinricus dapifer de Walpurc, Heinricus de Sma/lunecche, Engelhardus de Winesberc, Cůnradus de Annenwilre, Heinricus de Tanne, Wezelo de Berge, Trûshard, Ludowicus et Waltherus / de Nûcastel, Heinricus de Meistersel, Fridericus de Tanne.

Actum Spire, anno verbi incarnati millesimo centesimo nonagesimo octavo, indictione quinta decima, duodecimo kal. Februarii, feliciter amen.

---

50. König Otto IV.

1209. März 22.

Bestätigung früherer und Zugeständnis neuer Rechte und Besitzungen an die Römische Kirche.

Or. (mit Goldbulle): Rom, Vat. Archiv. Arm. I, Caps. III, 4.
Facs.: Kaiserurkunden in Abbildungen X, 22.
Ed.: Mon. Germ. Const. II, 36 (N. 31). — Das aus dem früheren Eide Ottos IV. (ebd. N. 23) Entnommene ist petit gedruckt.

C.§ In nomine sanctę et individuę trinitatis.

Otto quartus divina favente clementia Romanorum rex et semper Augustus.§ /

Recognoscentes ab eo nostrę promotionis donum misericorditer processisse a quo est omne datum optimum et omne donum perfectum, ipsum eiusque vicarium et sponsam / eius sanctam ecclesiam disposuimus et decrevimus magnifice honorare, ut qui nobis in presenti temporale contulit regnum in futuro quoque tribuat sempiternum.

Proinde / vobis, reverentissime pater et domine summe pontifex Innocenti, quos pro multis beneficiis nobis impensis sincerissimo veneramur affectu, vestrisque catholicis successo/ribus et ęcclesię Romane omnem obedientiam, honorificentiam et reverentiam semper humili corde ac devoto spiritu impendemus, quam predecessores nostri reges et im/peratores catholici vestris antecessoribus impendisse noscuntur, nichil ex hiis volentes diminui, sed magis augeri, ut nostra devotio clarius enitescat.

Illum igitur abolere / volentes abusum, quem interdum quidam predecessorum nostrorum exercuisse dicuntur in electionibus prelatorum, concedimus et sanctimus, ut electiones prelatorum libere / ac canonice fiant, quatinus ille prefitiatur ecclesię viduatę quem totum capitulum vel maior et sanior pars ipsius duxerit eligendum, dum modo nichil ei obstet / de canonicis institutis.

Appellationes autem in negociis et causis ecclesiasticis ad apostolicam sedem libere fiant eorumque prosecutionem sive processum nullus impedire presu/mat. Illum quoque dimittimus et refutamus abusum, quem in occupandis bonis decedentium prelatorum aut etiam ecclesiarum vacantium nostri consueverunt ante/cessores committere pro motu proprię voluntatis; omnia vero spiritualia vobis et aliis ęcclesiarum prelatis relinquimus libere disponenda, ut quę sunt cesaris cesari et quę sunt / dei deo recta distributione reddantur. Super eradicando autem heretică pravitatis errore auxilium dabimus et operam efficacem.

Possessiones etiam quas ecclesia Romana recupera/vit, ab antecessoribus nostris seu quiduslibet aliis ante detentas, liberas et quietas sibi dimittimus et ipsam ad eas rettinendas bona fide promittimus adiuvare. Quas vero/ nondum recuperavit ad recuperandum pro viribus erimus adiutores; et quecumque ad manus nostras devenient, sine difficultate ei restituere satagemus. Ad has pertinet/tota terra quę est a Radicofano usque ad Ceperanum, marchia Anconitana, ducatus Spoletanus, terra comitissę Mahtildis, comitatus Brittenorii, exarchatus Ra/vennę, Pentapolis cum aliis adiacentibus terris, expressis in multis privilegiis imperatorum et regum a tempore Lodvvici, ut eas habeat Romana ęcclesia in perpetuum cum omni/iurisdictione, districtu et honore suo. Veruntamen cum ad recipiendum coronam imperii vel pro necessitatibus ęcclesię ab apostolica sede vocati venerimus, de mandato sum/mi pontificis recipiemus procurationes sive fodrum ab illis. Adiutores etiam erimus ad rettinendum el defendendum ęcclesię Romanę regnum Sicilię ac cetera / iura que ad eam pertinere noscuntur, tamquam devotus filius et catholicus princeps.

Ut autem hec omnia memorato sanctissimo patri nostro domino

Innocentio, sacrosanctę Romane / ęcclesię summo pontifici eiusque successoribus per nos et nostros successores Romanorum imperatores et reges observentur firmaque et inconvulsa semper permaneant, presens exinde / privilegium conscriptum maiestatis nostrę aurea bulla iussimus communiri. /

§ Sicnum domini Ottonis quarti Romanorum recis invictissimi § [M].

Ego Conradus Spirensis episcopus, vice domini Sifridi Maguntini archiepiscopi et tocius Germanię archicancellarii, regalis aulę/cancellarius recognovi.

Acta sunt hec anno dominicę incarnationis millesimo CCVIIII., indictione XII., regnante domino Ottone quarto Romanorum / rege glorioso, anno regni eius undecimo.

Datum apud Spiram, XI. kalendas aprilis.

---

51. König Philipp August von Frankreich.

1216. [April].

Belehnung Simons von Montfort mit Narbonne, Toulouse, Beziers und Carcassonne.

Or. Pgt. (*Wachssiegel an Seidenfäden anhängend*): *Paris, Archives nationales, J. 890, 18.*
Facs.: Album paléographique (*Paris 1887*) *36, III.*
Vgl. Delisle, Catalogue des actes Philippe-Auguste, Nr. 1659f.

§In nomine sancte et individue trinitatis. Amen.

Philippus§ / dei gratia Francorum rex.

Noverint universi presentes pariter et futuri, quod nos dilectum et fidelem nostrum / Simonem comitem de Monteforti recepimus in hominem nostrum ligium de ducatu Narbonensi, / comitatu Tholosano, vicecomitatu Biterrensi et Karcassonensi, de feodis scilicet et terris que / Raymundus quondam comes Tholosanus de nobis tenebat, que acquisita sunt super hereticos et / inimicos ecclesie Christi, salvo jure alieno et illorum qui sunt homines nostri, dum tamen adhereant / fidei christiane.

Quod ut perpetue stabilitatis robur obtineat, presentem cartam sigilli nostri auctori/tate et regii nominis karactere inferius annotato roboramus.

Actum apud Pontem Archie /, anno dominice incarnationis M°CC° sexto decimo, regni vero nostri anno tricesimo septimo. /

Astantibus in palatio nostro quorum nomina supposita sunt et signa. Dapifero nullo. Signum / Guidonis buticularii. Signum Bartholomei camerarii. Signum Droconis constabularii. /

§Data vacante (M) cancellaria.§

---

52. Kaiser Friedrich II.

1235, Aug.

Erhebung Ottos von Lüneburg in den Reichsfürstenstand.

Or.: Wolfenbüttel, Landesarchiv.
Facs.: Brandi, *Die Urk. Friedrichs II. vom Aug. 1235, Quellen u. Forsch. z. Braunschw. Gesch. VI, 1913.*
Ed.: Mon. Germ. Const. II, 263 (N. 197).

C⁑ In nomine sancte et individue trinitatis.

FRIDERICUS secundus, divina flavente clementis Romanorum imperator semper augustus, Jerusalem et Sicilie rex⁑ /

Gloriosus in majestate sua dominantium dominus, qui regna constituit et firmavit imperium, de cujus clementia vivimus, de cujus est munere, quod feliciter imperamus, ad hoc / nos supra reges et regna preposuit et in imperiali solio sublimavit, ut nobis factori nostro gratitudine devota subjectis pacem et justiciam moderamina nostra contineant / et qui sumus pre filiis hominum ab eo, qui preminet orbi terre, sublimius exaltati, viros dignos honoribus et non immeritos ad sollicitudinis partem admitti liberaliter ad decus / et decorem imperii nominis et honoris titulo decoremus.

Hinc est igitur, quod per presens scriptum noverit presens etas et futura posteritas, quod cum diu propositi nostri foret, ut di/lectum consanguineum nostrum Ottonem de Luneburch ad fidem imperii et devotionem nostram efficeremus arcius obligatum, nec loci vel temporis oportunitas affuisset, quo conceptam / erga eum intentionem nostram prosequi nos deceret, contingente causa nostri felicis adventus in Alamanniam et pro reformatione tocius terre status indicta Maguncie cu/ria generali, dictus Otto ad eandem curiam vocatus accessit.

In qua dum assidentibus nobis principibus nostra serenitas resideret de reformando terre statu disponens, nominatus / Otto de Luneburch flexis genibus coram nobis, omni odio et rancore postpositis, que inter proavos nostros existere potuerunt, se totum in manibus nostris exposuit nostris / stare beneplacitis et mandatis; et insuper proprium castrum suum Luneburch, quod idiomate Teuthonico vocatur eygen, cum multis aliis castris terris et hominibus eidem / castro pertinentibus in nostram proprietatem et dominium specialiter assignavit, ut de eo quicquid nobis placeret, tamquam de nostro proprio faceremus. Nos autem qui tenemur mo/dis omnibus imperium augmentare, predictum castrum de Luneburch cum omnibus castris pertinenciis et hominibus suis, quemadmodum ex ejusdem Ottonis assignatione / in proprietatem accepimus, in presentia principum in imperium transtulimus et concessimus, ut per imperium infeodari deberet. Civitatem insuper de Brunswich cuius medietatem / proprietatis dominii a marchione de Baden et reliquam medietatem a duce Bawarie, dilectis principibus nostris, emimus pro parte uxorum suarum, que fuerunt quondam / filie Henrici de Brunswich comitis palatini Reni, patrui dicti Ottonis, similiter in eadem curia imperio concessimus, proprietatem nobis debitam in dominium / imperii transferentes.

Preterea Ottone in ipsa generali curia in manibus nostris connexis palmis super sancta cruce imperii, que ibidem tenebatur, prestante fidei / juramentum, nos attendentes, quam pura fide, sincera et prona devotione se totum mandato nostro et voluntati commisit et in proprietatem nostram concessit, / proprie proprium castrum suum, de quo nemini tenebatur, et humiliaverit se modis omnibus coram nobis; considerantes insuper, quod numquam per eum fue/rit offensum imperium et nec contra honorem nostrum ad suggestionem alicujus voluerit inveniri, dignum et utile vidimus circa statum et augmen/tum ipsius imperiali munificentia providere.

Quapropter cum consilio assensu et assistencia principum civitatem Brunswich et castrum Luneburch / cum omnibus castris, hominibus et pertinenciis suis univimus et creavimus inde ducatum et imperiali auctoritate dictum consanguineum nostrum Ottonem / ducem et principem facientes, ducatum ipsum in feodum imperii ei concessimus, ad heredes suos filios et filias hereditarie devolvendum, et eum sollempniter / juxta consuetudinem investivimus per vexilla, de affluentiori gratia concedentes eidem decimas Goslarie imperio pertinentes. Ceterum ministeriales suos in minis/teriales imperii assumentes eidem concessimus, eosdem ministeriales juribus illis uti, quibus imperii ministeriales utuntur.

Ad hujus itaque concessio/nis memoriam et robur perpetuo valiturum, presens privilegium fieri et bulla aurea typario nostre majestatis impressa jussimus communiri.

Hujus / autem rei testes sunt: S. Maguntinus, H. Coloniensis, E. Salzpurgensis, T. Treverensis et . . Bisuntinus archiepiscopi. W. Madeburgensis electus.
E. Pa/pembergensis, S. Ratisponensis, imperialis aule cancellarius, H. Constantiensis, S. Augustensis, B. Argentinus, H. Basiliensis, C. Hyldensemensis, I. Leodiensis, / G. Cameracensis, I. Metensis, . . Tullensis, . . Monasteriensis, E. Nuemburgensis, . . Trajectensis, C. Osemburgensis, R. Pactaviensis, H. Eystedensis, / C. Spirensis, E. Merseburgensis, G. Verdunensis et C. Frisingensis episcopi; frater H. domus hospitalis sancte Marie Teuthonicorum in Jherusalem / magister; . . Morbacensis, . . Augensis et . . Elwacensis abbates. O. dux Bawarie palatinus comes Reni, H. dux Brabancie, A. dux /

Saxonie, B. dux Karinthie, M. dux Lothoringie, H. lancravius Turingie, palatinus comes Saxonie, H. marchio Misinensis, H. mar/chio de Baden, J. et O. marchiones de Brandeburch, H. comes Senensis, H. comes Barensis, D. comes Clevensis, H. comes de Hanalt et alii quamplures. /

‡ Signum domini Friderici secundi dei gratia invictissimi Romanorum imperatoris (M) semper augusti, Jerusalem et Sicilie regis. ‡ /

Ego Sifridus Ratisponensis episcopus imperialis aule cancellarius vice domini . . Maguntini archiepiscopi tocius Germanie archicancellarii, recognovi./

Acta sunt hec anno dominice incarnationis millesimo ducentesimo tricesimo quinto, mense augusti octave indictionis, imperante domino nostro / FRIDERICO, dei gratia serenissimo Romanorum imperatore semper augusto, Jerusalem et Sicilie rege, anno imperii ejus / sextodecimo, regni Jerusalem decimo, regni vero Sicilie tricesimo octavo, feliciter amen./

Dat. Maguncie, anno, mense et indictione prescriptis.

---

53. Notariatsinstrument über eine Erklärung des Dogen Tiepolo.

1241. Sept. 16. Venedig.

Anerkennung eines älteren Vertrags mit Meinhard von Görz und erneute Verpflichtung auf die ausgemachte Poen.

Or.: Wien, Haus-, Hof- u. Staatsarchiv.
Facs. u. Druck: Redlich u. Groß, Privaturkunden (L. 1914) Taf. VII[a]. Zur Poenformel vgl. Studtmann, Arch. f. Urk.-F. XII.

(S. N.) Anno domini M.CC.XL. primo indictione XIIII, die quintodecimo exeunte mense Septembre /

in presentia dominorum scilicet Pauli de Molino, Ançoli de Molino, Leonardi / Justi, Henrici notarii de Portu de Latisanal et aliorum, magister Vivianus, cappellanus / venerabilis patris patriarche Aquilegensis, procurator et nuncius nobilis viri domini / Meinhardi, comitis Goricie, presentavit et dedit litteras quasdam ex paste dicti domini / comitis ejusque sigillo sigillatas domino Jacobo Teupulo dei gratia duci Veneciarum illustri, / in quibus continebatur, quod dictus dominus comes rogabat et monebat eundem dominum / ducem buod servaret promissionem factam eidem comiti sub pena X milium marcarum / argenti et non deberet permittere eum per se vel per alios sui districtus aliquatenus / conveniri seu molestari occasione captionis vel spoliationis quorundam civium Ve/netorum, videlicet Johannis Barocii, Leonardi Babilonii, Bartolomei Longi et Mar/ci de Aurofino, qui dicebantur fuisse spoliati in districtu predicti domini co/mitis.

Quibus litteris supradictus dominus dux respondit in hunc modum: Bene / est verum et ego confiteor, quod quicquid actum est in predicto negotio seu contractum, nostra auctoritate nostrique consilii est actum, et nos illud modo et omni tempore / usque in sempiternum statuimus et afirmamus et amodo in perpetuum volumus fir/mum et ratum habere et tenere et nulla ratione vel occasione contravenire promit/timus; sub prenominata pena; quodsi fecerimus predictus comes vel sui here[des]/ plenam habeant potestatem excutiendi ipsam penam a nobis et nostris heredibus, et / tamen supradicti pacti in suo permaneant robore et vigore.

Actum Veneciis, in ducali pallacio Et ego Peregrinus, sacri imperii notarius interfui et rogatus hanc cartam scripsi, complevi et roboravi.

---

54. Aus dem Register Innocenz' IV.

1245. Jan. 3.—31.

Einladungen zum Concil nach Lyon an den Erzbischof von Sens, den König von Frankreich und genannte Cardinäle in eundem modum.

Reg. Vat. n.21 f. 205.
Facs.: Specimina palaeogr. regestorum Rom. pont. (Rom 1888), 20.
Ed.: [von I]: Huillard-Bréholles, Historia diplomatica Friderici II (Paris 1860) VI[1] *247 (ohne den Schluß).*
— Vgl. E. Berger, les registres d'Innocent IV. (Paris 1884) I, 207 (N. 1554—57). — Potthast 11493. 11523. B. F. 7497 u. 7505.

Littere curiales sunt in isto quaterno.

[1] .. Archiepiscopo Senonensi.

Dei virtus et Dei sapientia dominus Jesus Christus ,/ cuius ineffabili subjecta sunt omnia majestati, a fundationis initio splendore / virtutum suam illustravit ecclesiam, et sic insignem reddidit singularis privilegio / potestatis, ut per eius ministerium suum justitia consequatur effectum et sedato guer/rarum turbine mundo possit tranquillitas provenire. Huius enim preminentiam digni/tatis dum nos reverenter attendimus, qui regimini generalis ecclesie licet inme/riti divina providentia presidemus, reddimur corde solliciti, quod tempestatis hor/ror, qua ipsa turbatur ecclesia et religio christiana concutitur, per nostre provisionis auxi/lium celesti pietate propitia propulsetur.

Hinc est quod nos, ut ipsa ecclesia per fidelium / salubre consilium et auxilium fructuosum status debiti possit habere decorem et de/plorando terre sancte discrimini et afflicto Romanie imperio propere valeat subveniri / ac inveniri remedium contra Tartaros et alios contemptores fidei ac persecuto/res populi christiani, nec non pro negotio, quod inter ecclesiam et principem vertitur, reges terre, / prelatos ecclesiarum ac alios mundi principes duximus advocandos.

Rogamus itaque fraternitatem / tuam et hortamur attente precipiendo mandantes, quatenus ad presentiam nostram omni prorsus occasione postposita usque / ad proximum festum sancti Johannis Baptiste personaliter venire procures, ut ipsa ecclesia ex tue visita-/tionis honore spirituale gaudium et ex tua industria consiliun percipiat profuturum, scitu/rus quod nos dictum principem in predicatione nostra citavimus, ut per se vel suos nuntios / in concilio celebrando compareat responsurus, nobis et aliis qui aliquid contra ipsum proponen/dum duxerint satisfactionem idoneam prestiturus. De personarum autem et evectionum mo/derato numero illam cum veneris providentiam habeas, quod tue nimis onerosus ecclesie / non existas.

Ceterum volumus et mandamus, ut suffraganeis tuis, quod eodem termino pro hiis ad / presentiam nostram accedant, eorum vero capitulis quod mittant providos nuntius et fideles / qui vice ipsorum utile nobis consilium largiantur, auctoritate nostra precipere non postponas /.

Datum Lugduni, III. nonas Januar. Anno secundo.

[2] Capitulo Senonensi.

Dei virtus *et cetera usque* festum sancti Johannis Baptiste, — providos et fideles nuntios destine/tis, ut ipsa ecclesia ex huius visitationis honore spirituale gaudium ac ex illorum industria / *et cetera ut in alia usque* prestiturus.

Datum *ut in proxima.*

[3] ..Illustri regi Francie. /

Dei virtus *et cetera usque* advocandos. Rogamus itaque serenitatem tuam et hortamur attente, quatenus ad presentiam / nostram *et cetera usque ad* proximum festum sancti Johannis Baptiste, — mittas providos nuntios et fideles / *et cetera usque* prestiturus. Huiusmodi autem nostrum desiderium sic fili benedictionis adim/pleas, ut nos in te gaudentes zelatorem honoris ecclesie repperisse, que secundum deum / in futurum tibi grata senserimus, paternis affectibus prosequamur.

Datum *ut supra in proxima.* /

[4] . . Episcopo Ostiensi /.

Pro magnis et arduis negotiis que incumbunt ecclesie / tuam et aliorum fratrum nostrorum absentium habere presentiam nos et fratres nostri iugiter affectamus / maxime cum multum honoris et comodi possit eidem ecclesie per industrie vestre consilium / provenire. Cum itaque nos de ipsorum fratrum consilio concilium duxerimus advocandum / proximo festo beati Johannis Baptiste, super hoc termino assignato fraternitati tuae presentium auctoritate mandamus, quatenus te ad / iter nostram adeundi presentiam preparare studeas, ut si forte ita cito, sicut in desiderio nostro / vertitur, venire non possis, saltem ad nos deo duce in termino pervenias memorato. /

Datum Lugdunis, II. kal. Februar. Anno secundo. /

Ꝥ. In eundem modum S. tituli sancte Marie trans / Tiberim presbitero cardinali. /

Ꝥ. In e. m. R. sancti Marie in Cosmidin diacono cardinali.

Ꝥ. In e. m. R. sancti Angeli diacono cardinali.

. . Patriarchae Antioceno //

---

55. Privilegium majus für das Erzherzogtum Österreich.

[1245, Juni].

Verfälschung von Friedrichs II. Bestätigung des Privilegs Friedrichs I. mit Inserierung des ebenfalls verfälschten Privilegs Friedrichs I.

Urschrift (von Hg. Rudolf IV. v. Österreich 1358—60 veranlaßt): Wien, Haus-, Hof- u. Staatsarchiv.

Facs.: (z. T.) Kaiserurkunden in Abbildungen VI, 15.

Ed.: Mon. Germ. Const. II, 640 (N. 467) mit I, 159 (455). — DW9 7110.

Das petit gedruckte aus den alten Vorlagen: Privilegium minus Friedrichs I. vom 17. Sept. 1156 und Bestätigung desselben durch Friedrich II. Juni 1245.

C. ⁑ In nomine sancte et individue trinitatis. Amen.

FRIDERICVS secundus divina favente clementia Romanorum imperator semper Augustus, Ierusalem et Sicilie rex. ⁑.

Iustis principum nostrorum peticionibus condescendere cogimur, quas nisi favorabiliter audiremus, obaudire quod iuste petitur per iniuriam videremur.

Eapropter per presens privilegium noverit tam presens etas quam successura posteritas, quod noster excellentissimus princeps Fri/dericus, dux Austrie et Stirie ac dominus Carniole, dilectus princeps et consanguineus noster quoddam privilegium diui augusti imperatoris quondam Friderici avi nostri memorie recolende Heinrico quondam duci Austrie proavo suo dudum indultum nostro culmini presentavit, / supplicans attencius, ut ei illud innovare et omnia que continentur in eo confirmare de nostra gratia dignaremur.

Cuius tenor per omnia talis est:

In nomine sanctę et individuę trinitatis amen.

Fridericus divina favente clementia Romanorum imperator augustus.

Quam/quam rerum commutacio ex ipsa corporali institucione possit firma consistere, nec ea que legittime geruntur ulla possint refragacione convelli, ne tamen rei geste ulla possit esse dubietas, imperialis debet intervenire auctoritas. Noverit igitur omnium Christi imperiique et nostri fidelium / presens etas et futura posteritas, qualiter nos eius cooperante gratia, a quo celitus pax missa est hominibus super terram, in generali nostra curia Ratispone in nativitate sancte Marie celebrata, in presentia multorum religiosorum et catholicorum litem et controversiam, que inter carissimum / nostrum patruum Hainricum ducem Austrie et inter nepotem nostrum carissimum Hainricum ducem Saxonie diu agitata extitit, super ducatum Bavarie et super marchia a superiori parte fluminis Anasi termina[vi]mus hoc modo, quod dux Austrie resignavit nobis ducatum Bavarie et / dictam marchiam, quos tenebat. Qua resignatione facta mox eundem ducatum Bavarie in beneficium contulimus duci Saxonie, predictus vero dux Saxonie cessit et renunciavit omni iuri et accioni, quas habebat ad dictam marchiam cum omnibus suis iuribus et beneficiis.

Ne / autem in hoc facto honor et gloria patrui nostri carissimi aliquatenus minuatur, de consilio et iudicio principum illustri Wadizlao duci Bohemie sententiam promulgante, quam ceteri principes approbabant, marchionatum Austrie et dictam marchiam supra Anasum commutavimus / in ducatum, eundemque ducatum subscriptis iuribus, privilegiis et gratiis omnibus liberalitate cesarea contulimus predicto Hainrico nostro patruo carissimo, prenobili sue uxori Theodore et liberis eorundem, ob singularem favorem quo erga dilectissimum patrem[!] nostrum / Hainricum Austrię, eius conthoralem prenobilem Theodoram et eorum successores nec non erga terram Austrie, que clipeus et cor sacri Romani imperii esse dinoscitur, afficimur, de consilio et assensu principum imperii dictis coniugibus, eorum in eodem ducatu successoribus, nec non pretacte terre / Austrie subnotatas constituciones, concessiones et indulta, auctoritate imperiali in iura plena et perpetua redactas donavimus liberaliter vigore presencium et donamus.

[1] Primo quidem, quod dux Austrie quibusvis subsidiis seu serviciis tenetur nec esse debet obnoxius sacro Romano / imperio nec cuiquam alteri, nisi ea de sui arbitrii fecerit libertate, eo excepto dumtaxat, quod imperio servire tenebitur in Ungariam duodecim viris armatis per mensem unum sub expensis propriis, in eius rei evidenciam, ut princeps imperii dinoscatur.

[2] Nec pro conducendis feodis requirere seu accedere / debet imperium extra metas Austrie, verum in terra Austrie sibi debent sua feoda conferri per imperium et locari. Quodsi sibi denegaretur ab imperio, requirat et exigat litteratorie trina vice, quo facto iuste sua possidebit feoda sine offensa imperii, ac si ea corporaliter conduxisset.

[3] Dux eciam Austrie non tenetur aliquam curiam accedere

edictam per imperium seu quemvis alium, nisi ultro et de sua fecerit voluntate.

[4] Imperium quoque nullum feodum habere debet Austrie in ducatu; si vero princeps aliquis vel alterius status persona nobilis vel ignobilis, cuiuscumque condicionis existat, haberet in dicto ducatu possessiones ab ipso iure feodali dependentes, has nulli locet seu conferat, nisi eas prius conduxerit a duce Austrie memorato; cuius contrarium si fecerit, eadem feoda ad ducem Austrię devoluta libere sibi extunc iure proprietatis et directi dominii pertinebunt, principibus ecclesiasticis et monasteriis exceptis dumtaxat in hoc casu. Cuncta eciam secularia iudicia, bannum silvestrium et ferinarum, piscine et nemora in ducatu Austrie debent iure feodali a duce Austrię dependere.

[5] Eciam debet dux Austrię de nullis opposicionibus vel objectis quibuscumque nec coram imperio nec aliis quibuslibet cuiquam respondere, nisi id sua propria et spontanea facere voluerit voluntate; sed si voluerit, unum locare poterit de suis vassallis seu homolegiis et coram illo secundum terminos prefixos parere potest et debet iusticie complemento. Insuper potest idem dux Austrie, quando impungnatus fuerit ab aliquo de duello, per unum ydoneum non in enormitatis macula retentum, vices suas prorsus supplere; et illum ipsa eadem die seu princeps vel alius quisquam pro alicuius nota infamie non potest impetere nec debet impugnare.

[6] Preterea quidquid dux Austrie in terris suis seu districtibus suis fecerit vel statuerit, hoc imperator neque alia potencia modis seu viis quibuscumque non debet in aliud quoquo modo in posterum commutare.

[7] Et si, quod Deus avertat, dux Austrię sine herede filio decederet, idem ducatus ad seniorem filiam quam reliquerit devolvatur. Inter duces Austrie qui senior fuerit dominium habeat dicte terre, ad cuius eciam seniorem filium dominium jure hereditario deducatur, ita tamen, quod ab eiusdem sanguinis stipite non recedat, nec ducatus. Austrie ullo unquam tempore divisionis alicuius recipiat sectionem.

[8] Si quis in dicto ducatu residens vel in eo possessiones habens fecerit contra ducem Austrię occulte vel publice, est dicto duci in rebus et corpore sine gracia condempnatus. Imperium dicto duci Austrię contra omnes suos iniuriatores debet auxiliari et succurrere, quod justiciam assequatur.

[9] Dux Austrie principali amictus veste, superposito ducali pilleo, circumdato serto pinnito, baculum habens in manibus, equo assidens et insuper more aliorum principum imperii conducere ab imperio feoda sua debet.

[10] Dicti ducis institucionibus et destitucionibus in ducatu suo Austrie est parendum; et potest in terris suis omnibus tenere

Judeos et usurarios publicos, quos vulgus vocat Gawertschin, sine imperii molestia et offensa.

[11] Si quibusvis curiis publicis imperii dux Austrie presens fuerit, unus de palatinis archiducibus est censendus et nichilominus in consessu et incessu ad latus dextrum imperii post electores principes obtineat primum locum.

[12] Dux Austrie donandi et deputandi terras suas, cuicumque voluerit, habere debet potestatem liberam, si quod absit sine heredibus liberis decederet, nec in hoc per imperium debet aliqualiter impediri.

[13] Prefatus quoque ducatus Austrie habere debet omnia et singula iura, privilegia et indulta, que obtinere reliqui principatus imperii dinoscuntur.

[14] Volumus etiam ut, si districtus et diciones dicti ducatus ampliati fuerint ex hereditatibus, donacionibus, empcionibus, deputacionibus vel quibusvis aliis devolucionum successionibus, prefata iura, privilegia et indulta ad augmentum dicti dominii Austrie plenarie referantur.

Et ut hec nostra imperialis constitucio omni evo firma et inconvulsa permaneat, presentes litteras scribi et sigilli nostri impressione fecimus insigniri, adhibitis idoneis testibus, quorum nomina hec sunt: Pilgerimus patriarcha Aquileię, Eberhardus Salzburgensis archiepiscopus, Otto Frisingensis episcopus, Cǒnradus Pataviensis episcopus, Eberhardus Babenbergensis, Harmannus Brixiensis, Harthuicus Ratisbonensis, Tridentinus episcopus, dominus Vuelfo, dux Cǒnradus frater imperatoris, Fridericus filius regis Cǒnradi, Heinricus dux Carinthię, marchio Engielbertus de Hystria, marchio Adalbertus de Staden, marchio Deiepaldus, Hermannus comes palatinus de Reno, Otto comes palatinus et frater eius Fridericus, Gebehardus comes de Sulzbach, Rodulfus comes de Swineshud, Engelbertus comes Hallensis, Gebahardus comes de Burchuse, comes de Buthena, comes de Pilstein et alii quam plures.

Signum domini Friderici Romanorum imperatoris invictissimi.

Ego Reinaldus cancellarius vice Arnoldi Magontini archiepiscopi et archicancellarii recognovi.

Datum Ratisbone XV. kal. Octobris, indictione IIII., anno dominicę incarnationis MCLVI., regnante domino Friderico Romanorum imperatore Augusto, in Christo feliciter, Amen. Anno regni eius V., imperii II.

Nos itaque, qui fidem et obsequia nostrorum principum non patimur irremunerata transire, attendentes fidem puram et devocionem sinceram, quam predictus dux ad maiestatis nostre personam et sacrum imperium habet, pro gratis quoque serviciis que nobis et imperio exhibuit hactenus fideliter et devote et que exhibere poterit inantea graciora, ipsius supplicationibus favorabiliter inclinati suprascriptum privilegium divi augusti avi nostri predicti huic nostro privilegio de verbo ad verbum inseri jussimus, omnia que continentur in seo de imperialis preminencie nostre gratia confirmantes.

Igitur competit eciam nostro imperiali imperio illustri principi nostro predilecto Friderico speciali gracia graciando. Quapropter concedimus enim et damus eidem illustri principi duci Austrie hec subscripta ad habendum pro iure plenarie, ut nullus suorum feodalium aut suarum terrarum inhabitancium sive possidentium nulli alteri aliquid iuris obediant, excepto enim sibimet ipso nostro predilecto Friderico principi duci Austrie aut suas vices supplentibus sive potestatem. Concedimus enim nostro illustri principi duci Austrie crucem nostri dyadematis suo principali pilleo sufferendo. Volumus eciam ut dilectus noster dux Austrie omnia sua feodalia sive iura liberaliter suscipiat dacione sine omni. Igitur iura omnia prescripta illustris dux Austrie rite et liberaliter tenere debeat in omnibus / suis terris quas iam possidet et in futurum possidebit.

Statuimus igitur et imperiali sanccimus edicto, quatinus nullus rex, nullus dux nullus marchio, nullus princeps, nullus comes, nullus prelatus, nulla denique persona alta vel humilis, ecclesiastica vel / mundana contra presentis innovationis et confirmacionis nostre tenorem venire presumat. Quod qui presumpserit, indignacione[m] nostri culminis et penam mille librarum auri se noverit incurrisse, quarum medietas camere, reliqua vero parti passe iniuriam / applicetur.

Ad huius igitur innovacionis et confirmacionis nostre futura[m] memoriam et robur perpetuo valiturum presens privilegium fieri et bulla aurea typario nostre maiestatis inpressa iussimus comuniri.

Huius rei testes sunt: Chunradus Frisingensis / episcopus, Heinricus Babenbergensis electus, Fridericus filius illustris regis Castelle, Rudolfus nobilis comes de Habchesburch, Ludovicus comes de Helfenstein, Albertus de Nife et alii quam plures.

✠ Signum domini nostri Friderici Dei gratia invictissimi Romanorum imperatoris semper Augusti, Ierusalem et Sicilie regis. ✠

Acta sunt hec anno dominice incarnacionis millesimo ducentesimo quadragesimo quinto, mense iunio, tercia indiccione, imperante domino nostro Friderico gloriosissimo Romanorum imperatore, semper Augusto / Ierusalem et Sicilie rege, Romani imperii eius anno vicesimo quinto, regni Ierusalem vicesimo primo, regni vero Sicilie quadragesimo septimo.

Datum Verone, anno, mense et indictione prescriptis.

---

56. Papst Innocenz IV.

1250. Mai 12. Lyon.

Inkorporation der Pfarrkirche von Gebweiler in die Abtei Murbach. [In der päpstl. Kanzlei später zur Supplik[1] und zum Konzept[2] für eine neue Urkunde umgearbeitet.]

Or. (Bleibulle abgerissen): Colmar, Bezirks-Archiv.
Facs. und Ed.: A. Hessel, Elsässische Urkunden, vornehmlich des 13. Jahrh. [Schr. d. Wissenschaftl. Ges. in Straßburg, 23. Straßburg 1915], 16, Nr. XIV[a]. Nr. XIV[b] die Urk. vom 12.

---

[1] *Am oberen Rande des Pergaments steht von zweiter Hand:* Isti et comes Cabilonensis pro eis petunt, ut loco istius gratie concedatis eis, ut unam de vestris ecclesiis, in quibus ius patronatus habetis, cuius proventus secundum communem extimationem quin-

Sept. 1250, der die vorliegende als Konzept diente, nach Or. Vgl. auch M. Tangl, Neues Archiv 40, 480.

INNOCENTIUS episcopus, servus servorum dei dilectis filiis .. abbati et conventui monasterii Morbacensis, ad Romanam ecclesiam nullo / medio pertinentis, ordinis sancti Benedicti, Basiliensis diocesis, salutem et apostolicam benedictionem.

Ad faciendam vobis gratiam specialem, venerabilis fra/tris nostri .. episcopi Argentinensis devota precamina et sinceritatis vestre devotio, quam ad nos specialiter et Romanam ecclesiam habere no/scimini, nos inducunt. Cum itaque sicut ex parte vestra fuit propositum coram nobis, monasterium vestrum propter negotium ecclesie, / quod nunc agitur, labores plurimos et onera sustinuerit expensarum, nos hoc non indigne pensantes ac volentes labores et onera huiusmodi / de consueta sedis apostolice clementia relevare, ut[3] ecclesiam de Gabvere, Basiliensis diocesis, curam animarum habentem, in qua ius patronatus habetis, si / eiusdem redditus et proventus quinquaginta marcarum argenti valentiam secundum communem extimationem annis singulis non excedunt, / cum eam vacare contigerit [3] in usus proprios retinere ac ipsius[4] possessionem nullius requisito assensu apprehendere corporalem libere / valeatis, auctoritate vobis presentium indulgemus[5], proviso quod in eadem ecclesia[6] per idoneum vicarium presentandum a vobis ad eam[7] / prout ad vos pertinet, serviatur, reservata eidem vicario de proventibus ipsius ecclesie[8] congrua portione ad debita procuratio/num diocesani

---

quaginta marcharum valentiam annis singulis non excedant, vel duas ex eisdem ecclesiis, que simul sint valoris eiusdem, cum vacare contigerit, in usus etc.

Darunter von zwei Händen die Kanzleinotizen: R[ecipe] Jac. A. et dentur conservatores, *sowie* Ista littera detur vicecancellario, cum alia bullata fuerit, laceranda.

[2] *Von dritter Hand wurden die Note 1 beginnenden Worte:* Isti — petunt *getilgt, dann durch das Zeichen* III *mit übergesetztem* va — — cat (*über Anfang und Schluß*) *die folgenden Worte* ut unam — in usus *als Ersatz für die im Text der Urkunde stehenden Worte* ut ecclesiam de Gabwere — vacare contigerit *bestimmt. Dabei wurden in dem neuen Text ersetzt:* habetis *durch* habere noscimini, habentibus curam animarum anexam, *außerdem:* proventus *durch* redditus; *hinzugefügt wurden hinter* eiusdem, cum *die Worte:* eam vel eas.

[3] Ut *bis* contigerit *von der in Note 1 erwähnten Hand durch einen Strich und durch* va-cat *getilgt. Vor* ut *steht das in Note 2 erwähnte Zeichen* III.

[4] retinere ac ipsius *von der dritten Hand geändert in* convertere ac perpetuo retinere et vipsius el ipsarum.

[5] *Von der zweiten Hand eingeschoben:* non obstantibus aliquibus indulgentiis seu litteris a sede apostolica vel eius legatis pro quibuslibet impetratis, de quibus expressam vel plenam sub quacumque forma verborum oporteat in litteris nostris fieri mentionem, seu etiam impetrandis.

[6] *ebenso* - -[*Rasur*]- si duas duxeritis retinendas. *Auf der Rasur von der dritten Hand:* si unam tantum vel in utraque.

[7] ad eam *von der dritten Hand getilgt.*

[8] *ebenso korrigiert in:* vel earundem ecclesiarum.

et archidiaconorum loci onera supportanda et in aliis diocesani eiusdem in omnibus iure salvo.

Nulli ergo omnino ho/minum liceat hanc paginam nostre concessionis infringere vel ei ausu temerario contraire. Si quis autem hoc attemptare pre/sumpserit, indignationem omnipotentis dei et beatorum Petri et Pauli apostolorum eius se noverit incursurum.

Datum Lugduni / IV. idus Maii, pontificatus nostri anno septimo.[9]

---

57. Papst Innocenz IV.

1253, August 4. Assisi.

(a) Erlaubnis zur Anlage von Befestigungen auf eigenem Grund, und (b) Schutzmandat dazu.

Or. mit Bleibullen a) *an gelben und roten Seidenfäden,* b) *an Hanfschnüren: Wien, Haus-, Hof- u. Staatsarchiv, beide von demselben Schreiber* Jac[obus] P, *dessen Name auf dem Umbug der Briefe steht.*

Facs.: Arndt-Tangl, Schrifttafeln III, 89, 90 (mit reichen diplomatischen Erläuterungen). Zur Sache vgl. E. Schrader, Befestigungsrecht, Göttingen 1909, S. 107 und O. Lerche Arch. f. Urk.-Forsch. III, 213.

[a] INNOCENTIUS episcopus, servus servorum Dei, dilectis filiis .. preposito et capitulo / Salzeburgensi, ordinis sancti Augustini, salutem et apostolicam benedictionem.

Ut vos / et bona vestra tueri possitis ab hostibus et contra impetus aggressorum constru/endi munitiones in fundis propriis sine alieni iuris preiudicio liberam vobis concedimus / auctoritate presentium facultatem.

Nulli ergo omnino hominum liceat hanc paginam nostre / concessionis infringere vel ei ausu temerario contraire.

Si quis autem hoc attemptare pre/sumpserit, indignationem omnipotentis Dei et beatorum Petri et Pauli apostolorum / eius se noverit incursurum.

Datum Asisii, II. non. Aug. / pontificatus nostri anno undecimo. /

---

[9] *Auf der Plica von der zweiten Hand* Ita est in regesto de verbo ad verbum preter correctiones. Pascalis. *Außerdem die Kanzleivermerke*: Dentur conservatores *und* R[ecipe] M. A. *Ferner*: Abbati sancti Vincentii Bisuntinensis. — *Ganz rechts auf der Ecke der Plica*: . A. S.

[b] Innocentius episcopus, servus servorum Dei, dilecto filio . . abbati sancti Petri Salzeburgensis salutem et / apostolicam benedictionem. Ut dilecti filii . . prepositus et capitulum Salzeburgenses ordinis sancti Augustini / se et bona sua tueri possint ab hostibus et contra impetus aggressorum, construendi muni/tiones in fundis propriis sine alieni iuris preiudicio liberam eis per nostras litteras concessimus / facultatem.

Quocirca discretioni tue per apostolica scripta mandamus, quatinus dictos prepositum / et capitulum non permittas contra concessionis nostre tenorem super hiis ab aliquibus indebite / molestari, molestatores huiusmodi per censuram ecclesiasticam, appellatione postposita compescendo, non / obstante, si aliquibus de partibus illis quod excommunicari, suspendi vel interdici non valeant a / sede apostolica sit indultum.

Datum Asisii, II. non. Aug. / pontificatus nostri anno undecimo /.

---

58. Aus den Akten des Rheinischen Bundes.

1254, Juli 13.—1256, März 12.

Bearbeitung der urkundlichen Tagsatzungsbeschlüsse (1.) über den ersten Mainzer Tag und (IX.) über den dritten Mainzer Tag.

Perg.-Rodel (unvollst.): München, Reichsarchiv (M.). Collect. Hermanns v. Altaich: Wien, Haus-, Hof- u. Staatsarchiv (unvollständig, aber M. ergänzend).

Facs. —. Ed.: Mon. Germ. Constitutiones II, 579 ff.

In I ist das aus der Vorurkunde (BF. 11683) Stammende, in IX das mit der erhaltenen Ausfertigung über diesen Tag Übereinstimmende petit gedruckt.

[I] In nomine sancte et individue trinitatis amen.

Iudices et consules et universi cives Mogontinenses, Colonienses, Wormacienses, Spyrenses, Argentinenses, Basilienses ac alie civitates sancte pacis federe coniurate omnibus Christi fidelibus salutem in eo qui auctor est pacis et principium salutis.

Cum terrarum pericula et viarum discrimina nonnullos ex nostris iam per multum temporis discursum destruxerint penitus et plerosque bonos et ydoneos traxerint in ruinam, ut innocentes opprimerentur sine calculo rationis, ad obviandum huiuscemodi tempestatibus et procellis modum rimari oportuit et perquiri, per quem nostri saltim termini et districtus omissa, equitatis digressione possint ad pacis orbitam revocari.

Hinc est quod nos serie presentis scripti cupimus innotescere universis, quod nos, cooperante domino Jesu Christo pacis auctore ac amatore per quem tocius boni exordium est et via, propter culturam pacis et iustitie observationem convenimus unanimiter in hanc formam, prestitis iuramentis nos invicem astringendo, a festo sancte Margarete nunc instanti ad decem annos (videlicet anno domini MCCLIIII) pacem generalem iuravimus firmiter observare.

Quam utique pacem venerabiles patres ac domini Gerhardus Mogontinensis, Conradus Coloniensis, Arnoldus Treverensis archiepiscopi, Richardus Wormacensis, Heinricus Argentinensis, Jacobus Metensis, Bertoldus Basilensis episcopi, necnon multi comites et nobiles terre nobiscum iuraverunt, sua thelonea iniusta, sicut et nos, tam in terris quam in aquis benigne et liberaliter relaxantes.

Tanto quoque federe firmitatis servabitur hoc promissum, ut non solum maiores intra nos hoc communi presidio gratulentur, verum universi minores cum maioribus, clerici (seculares et omnes religiosi cuiuscunque sint ordinis) laici et Iudei hac tuitione perfrui se gaudeant et in tranquillitate sancte pacis valeant permanere.

Quicumque vero huius pacis violatores ac perturbatores extiterint, contra illos totis viribus insurgemus, ipsos usque ad condignam satisfactionem compellendo.

Propter questiones tamen, que iam inter pacis federe coniuratos habentur ac fortassis in posterum emergere videbuntur, ne de hiis quod absit nunc aut in futuro fomes discordie vel litis occasio valeat suboriri, inventum est circa hoc remedium salutare, quod videlicet in qualibet civitate vel a quolibet domino nobis coniurato, quatuor viri fide digni adiurati super hoc specialiter eligantur, qui auctoritate plena ipsis super hoc tradita, sub debito iuramenti universas questiones per amicabilem compositionem vel per iustitiam terminabunt. Quod si per ius aut per amicabilem viam has causas discindere nequiverint et sopire, quicumque quatuor iuraverint, quod suus dominus aut sua civitas ad id quod ei imponitur, non teneatur iuxta iuris ordinem persolvendum, idem dominus vel civitas super eo, quod ei imponitur, penitus absolvatur.

Si vero horum quatuor aliquis decesserit, alius loco sui substituetur.

Si pax in aliquo domino vel in aliqua civitate fuerit perturbata, predicti quatuor, a dominis vel a civitatibus ad hoc deputati, pro perturbatione pacis et eciam super negocio pacis tractando convenient et de consilio communi tractabunt, qualiter id honorifice valeat refieri et sancte pacis forma possit stabiliri.

[IX.] Item post obitum serenissimi domini nostri Willehelmi Romanorum regis pie memorie convenimus Maguntie anno domini MCCLVI, dominica Reminiscere, ubi etiam multa sancte paci utilia tractavimus. Et quoniam rege caruimus, statuimus ibidem, quod quelibet civitas se ad arma pro posse preparet et insuper soldarios et sagitarios haberet, per quos, cum necesse habuerimus, subito invicem in auxilium venire possimus.

Illis vero dominis, militibus sive aliis, qui pacem non iurassent, nullum auxilium prestaremus.

Bona etiam regalia quamdiu vacaret regnum, totis viribus defendere promisimus, unicuique in sua possessione permanente.

Ad salutem etiam totius populi et terre statuimus et promisimus ibidem sub debito iuramenti, quod si domini principes ad quos spectat regis electio, forsitan plus quam unum eligerent vel eligant, quod nos nulli ipsorum astabimus verbo vel opere aut aliqua servicia exhibebimus clam vel aperte aut mutuum dabimus vel in aliquam civitatem intromittimus neque fidelitatem iuramenti prestabimus.

Si vero aliqua civitatum hoc infregerit, periura et carens omni honore reputabitur et contra illam et [ad] eius perpetuam destructionem totis viribus insurgamus.

Sie autem principes unum dominum in regem elegerint, illi continuo sine omni contradictione servicia debita et honores exhibebimus.

Insuper omnia sancte pacis per nos statuta ibidem inviolabiliter servare promisimus.

---

59. Aus dem Liber provincialis der päpstlichen Kanzlei.

XIII. Jahrh.

Das Privilegium commune in den Formeln für Benediktiner, Augustiner [-Chorherren] und Praemonstratenser.

Abschriften des Kanzleibuchs: Cod. 275 des span. Collegs zu Bologna [H] u. Cod. Par. Lat. 4169, Abschrift Dietrichs von Nieheim a. d. J. 1380 [E].

Facs. —. Ed.: M. Tangl, Die päpstlichen Kanzleiordnungen von 1200—1500 (Innsbruck 1894), S. 233. — Das „äußere Wachstum des Privilegs" stellt dar G. Schreiber, Kurie und Kloster im 12. Jahrh. (Stuttgart 1910) II, 367; vgl. Brandi, Zeitschr. f. Rechtsgesch., 46. Kanonistische Abt. II, 399 ff.

(III) Privilegium speciale Premonstratensis ordinis, sancti Benedicti et sancti Augustini.

[1] Religiosam vitam eligentibus apostolicum convenit adesse presidium, ne forte cuiuslibet temeritatis incursus aut eos a proposito revocet aut robur, quod absit, sacre religionis infringat.

[2] Eapropter, dilecti in domino filii, vestris iustis postulationibus clementer annuimus et monasterium ‹sancte dei genitricis et virginis Marie› — diocesis et de — loco, in quo divino mancipati estis obsequio, sub beati Petri et nostra protectione suscipimus et presentis scripti privilegio communimus.

[3] Imprimis si quidem statuentes, ut ‹ordo canonicus qui secundum deum et beati Augustini regulam› ordo monasticus qui secundum deum et beati Benedicti regulam atque institutionem Premonstratensium fratrum[a vobis ante concilium generale susceptam]in eodem monasterio institutus esse dinoscitur, perpetuis temporibus inviolabiliter observetur.

[4] Preterea quascumque possessiones et quecumque bona idem monasterium impresenciarum iuste et canonice possidet aut in futurum

concessione pontificum, largitione regum vel principum, oblatione fidelium seu aliis iustis modis prestante domino poterit adipisci, firma vobis vestrisque successoribus et illibata permaneant.

[5] In quibus hec propriis duximus exprimenda vocabulis: locum ipsum, in quo praefatum monasterium situm est, cum omnibus pertinentiis suis (*hic ponantur possessiones*) cum pratis vineis terris nemoribus usuagiis et pascuis, in bosco et plano, in aquis et molendinis, in viis et semitis et omnibus aliis libertatibus et immunitatibus suis.

[6] Sane novalium vestrorum, quae propriis manibus aut sumptibus colitis, de quibus novalibus aliquis hactenus non percepit, sive de ortis virgultis et piscationibus vestris vel de nutrimentis animalium vestrorum, nullus a vobis decimas exigere vel extorquere presumat.

[7] Liceat quoque vobis clericos vel laicos liberos et absolutos e seculo fugientes ad conversionem recipere et eos absque contradictione aliqua retinere.

[8] Prohibemus insuper, ut nulli fratrum vestrorum post factam in monasterio vestro professionem fas sit, sine abbatis sui licentia de eodem loco discedere, nisi artioris religionis obtentu; discedentem vero absque communium vestrarum litterarum cautione nullus audeat retinere.

[9] Cum autem generale interdictum terre fuerit, liceat vobis clausis ianuis, exclusis excommunicatis et interdictis, non pulsatis campanis, dummodo causam non dederitis interdicto, suppressa voce divina officia celebrare.

[10] Crisma vero, oleum sanctum, consecrationes altarium seu basilicarum, ordinationes clericorum, qui ad ordines fuerint promovendi, a diocesano suscipietis episcopo, si quidem catholicus fuerit et gratiam et communionem sacrosancte Romane sedis habuerit et ea vobis voluerit sine pravitate qualibet exhibere. Alioquin liceat vobis quemcunque malueritis catholicum adire antistitem, gratiam et communionem apostolice sedis habentem, qui nostra fretus auctoritate vobis quod postulatur impendat.

[11] Prohibemus insuper, ut infra fines parrochie vestre, si eam habeatis, nullus sine assensu diocesani episcopi et vestro capellam seu oratorium de novo construere audeat, salvis privilegiis Romanorum pontificum.

[12] Ad hec novas et indebitas exactiones ab archiepiscopis, episcopis, archidiaconis seu decanis aliisque omnibus ecclesiasticis secularibusve personis a vobis fiere prohibemus.

[13] Sepulturam quoque ipsius loci liberam esse decernimus, ut eorum devotioni et extreme voluntati, qui se illic sepeliri deliberaverint, nisi forte excommunicati vel interdicti sint aut publici usurarii, nullus obsistat, salva tamen iustitia illarum ecclesiarum, a quibus mortuorum corpora assumuntur.

[14] Decimas preterea et possessiones ad ius ecclesiarum vestrarum spectantes, que a laicis detinentur, redimendi et legitime liberandi de manibus eorum et ad ecclesias, ad quas pertinent, revocandi libera sit vobis de nostra auctoritate facultas.

[15] Obeunte vero te, nunc eiusdem loci abbate, vel tuorum quolibet successorum, nullus ibi qualibet surreptionis astutia seu violentia preponatur, nisi quem fratres communi consensu vel fratrum maior pars consilii sanioris secundum deum et ⟨beati Augustini⟩ regulam providerint eligendum.

[16] Paci quoque et tranquillitati vestre paterna imposterum sollicitudine providere volentes, auctoritate apostolica prohibemus, ut infra clausuras locorum seu grangiarum vestrarum nullus rapinam seu furtum facere, ignem apponere, sanguinem fundere, hominem temere capere vel interficere seu violentiam audeat exercere.

[17] Preterea omnes libertates et immunitates a predecessoribus nostris Romanis pontificibus ordini vestro concessas, nec non et libertates et exemptiones secularium exactionum a regibus et principibus vel aliis fidelibus rationabiliter vobis indultas auctoritate apostolica confirmamus et presentis scripti privilegio communimus.

[18] Decernimus ergo, ut nulli omnino hominum liceat prefatum monasterium temere perturbare aut eius possessiones auferre vel ablatas retinere, minuere seu quibuscumque vexationibus fatigare; sed omnia integra conserventur eorum, pro quorum gubernatione ac sustentatione concessa sunt, usibus omnimodis profutura, salva sedis apostolice auctoritate et diocesani episcopi canonica iustitia.

[19] Si qua igitur in futurum ecclesiastica secularisve persona hanc nostre constitutionis paginam sciens contra eam temere venire temptaverit, secundo tertiove commonita, nisi reatum suum congrua satisfactione correxerit, potestatis honorisque sui careat dignitate reamque se divino iudicio existere de perpetrata iniquitate cognoscat et a sacratissimo corpore et sanguine dei et domini redemptoris nostri Iesu Christi aliena fiat atque in extremo examine districte subiaceat ultioni.

[20] Cunctis autem eidem loco sua iura servantibus sit pax domini nostri Iesu Christi, quatenus et hic fructum bone actionis percipiant et apud districtum iudicem premia eterne pacis inveniant. Amen.

60. Aus den Kammerregistern Urbans IV.

1262, März 14.—Mai 31. Viterbo.

Überweisungen von Zahlungen nebst Notizen über Eingänge.

Or.-Register (von wechselnden Händen): Rom, Vat. Arch. II, 27, 8.
Facs.: Specimina palaeographica regestorum Rom. pontificum 27.
Zur Sache: E. Jordan, De mercatoribus cam. apost. (Thèse, Paris 1909).

§. Thesaurario domus militie Templi Parisiensis. Cum dilectus filius frater Guido de / Basiuilla, preceptor domus militie Templi in Equitania, centum marcas sterlingorum / sicut ex litteris suis nobis innotuit penes te deposuerit, nuntio nostro vel cui mandaremus / iuxta nostrum beneplacitum assignandas, praesentium tibi auctoritate mandamus, quatinus pecuniam ipsam dilectis / filiis Andree Jacobi et Jacobo Gregorii sociis dilectorum filiorum Bonaventure Bernardini / et Raynerii Jacobi civium et mercatorum Senensium vel eorum uni presentes tibi litteras defe/renti, nostro nomine assignare procures. Diem assignationis et quicquid inde feceris per tuas / nobis litteras rescripturus.

Datum Viterbii II. idus Martii, anno primo.

[*Das Ganze durchstrichen und am Rand von zwei Händen:* XI. kal. aprilis, anno primo domini pape, apud Viterbium assignavimus istam litteram Bonaventure Bernardini.

Solute sunt iste C marce et posite in recepta mensis julii.]

§. Dilectis filiis .. priori et capitulo ecclesie sancti Johannis Lateranensis.

Presentium vobis auctoritate mandamus, quatenus / septuaginta quinque libras florinorum grossorum de venditione possessionum abbatie de ponte / quos nobis dilectus filius .. abbas monasterii sancti Anastasii de Urbe, Cist. Ord., assignabit, recipere / ac fideliter conservare curetis, non restituendos absque mandato nostro et licentia speciali.

Datum Viterbii II. kal. Iunii, anno primo.

§ .. Episcopo Senensi.

Presentium tibi auctoritate mandamus, quatenus statim receptis presentibus Petrum Scottum civem / et mercatorem Senensem ex parte nostra peremptorie citare procures, ut ipse cum uno vel duobus de sociis suis et omnibus instrumentis, litteris et scripturis seu rationibus quibuscumque ad hoc necessariis infra / quindecim dies post citationem tuam pro se et omnibus sociis suis seu societate sua personaliter compareat / coram nobis positurus rationem cum camera nostra de omnibus pecuniis, quas vel ipsi debent ecclesie / Romane seu camere ipsi, vel eadem ecclesia sive camera debet eis, ac facturus et recepturus super / hiis omnibus quod iusticia suadebit.

Diem autem et formam citacionis huiusmodi et quicquid inde feceris / per tuas patentes litteras, de verbo ad verbum presentium seriem continentes, nobis non differas intimare /.

Datum Viterbii, II. kal. Iunii, anno primo.

---

61. Bischof Kuno von Minden.

1265, Sept. 30. Minden.

Übertragung der bischöflichen Münze an Heinrich von Nienburg. [Als Vorurkunde später korrigiert zur Übertragung der Münze an Hermann von Köln durch Bischof Ludolf, 1297, Juli 24.]

Or. (Conc.), drei Siegel abgefallen: Münster, Staatsarch. Mind. 39.
Facs.: Fr. Wecken, Untersuchungen über das Urkundenwesen der Bischöfe von Minden (1206—93). Marburg 1900 [= Zeitschrift für vaterl. Gesch. u. Altertumskunde Westfalens, 58]. S. 88 u. Tafel.
Ed.: Hoogeweg, Die Urkunden des Bistums Minden (Westf. U.-B. VI, 1898) 831 u. 1598.

Cono[1], dei gratia Mindensis ecclesie episcopus, omnibus hanc cartulam inspecturis salutem in domino / sempiternam. Notum esse cupimus universis, quod nos monetam nostram in Minda cudendam / Hinrico[2] monetario de Nienborch[3] commisimus sub certis articulis tali medio limitatis:

Denarii / quos cudet talis erunt ponderis et puritatis, ut quinque fertones in pondere marcam examinati ar/genti efficiant si conflentur. Item XXVII solidi et III denarii unam marcam ponderabunt. Item viginti quatuor / solidi pro usuali marca sive gravium denariorum, sive Bremensis argenti recipientur a quolibet et solventur; hoc / tamen salvo, quod ipse monetarius cambiendo pro marca usuali viginti tres solidos commutabit. Quod si nos dena/rios ipsius examinandos tolli iusserimus, non in fabrica, sed in loco concambii publici recipi faciemus. Nullus etiam pu/blice concambium faciat praeter ipsum.[4] Nulla etiam moneta dyocesis nostre prodativa recipietur, nisi sub pena decem libra/rum per fideiussores ydoneos de eius valencia secundum consuetudinem caveatur.

---

[1] *In flüchtiger Kursive übergeschrieben* Lud[olfus]. [2] *Ebenso* Hermanno. [3] *Ebenso* Colonia. [4] *Ebenso*: quod sub banno regio prohibemus.

Hanc igitur collationem sive commissi/onem[1] usque ad annum post mortem nostram duraturam tenore presentium sibi recognoscimus pro sex tantum mar/cis anno quolibet persolvendis, quarum una et dimidia Stephano, una et dimidia Hinrico Crispo monetario, re/lique tres domno cannoni Wichmanno de Remhe, Johanni Sapienti, et Johanni de domo lapidea persolventur.

Ut / autem hec a posterorum memoria non recedant, dedimus ei presens scriptum super hiis confectum, sigilli[2] nostri[3] munimi/ne roboratum.

Testes horum sunt: G[erhardus] decanus Wi[dogo] sancti Martini, et C[onradus] sancti Johannis praepositi; L[udoldus] scolasticus et L[udolfus] / cantor, et alii ecclesie nostre canonici. Lipollus de Maneslo miles, Wiscelus de Rapber, Borchardus de Nienborch, / Stephanus, Bertollus Gloie, et alii quam plures Mindensis civitatis consules et burgenses.

Datum Minde anno dni M° / CCLX quinto,[4] II. kal. Octobris.

---

62. Gilles Rikewart, Bürger von Ypern.

1288, Juli 3. Ypern.

Schuldschein mit Zahlungsverpflichtung auf Sicht gegen Kaufleute aus Piacenza.

Or. (Spaltzettel), einst im Stadtarchiv zu Ypern.
Facs. u. Transskription: Pirenne, Album belge de dipl. (1909) = *Redlich u. Groß, Privaturkunden, Taf. XI[b] u. [c]; dazu die ältere Lit.*

Sachent tou tcil ki ceste chartre partie verront et orront, ke Gilles Rikewart, bourgois d'Ypre doit a Boise Angoiseuse et / a Jake Vicedomini et a leur compagnons, marcheant de Plaisence, de la compagnie des Escos de Plaisence, XXXVI mars XXV schillings d'Artois / a aus u a lor commandement ki ceste chartre partie aportera sans bourgois d'Ypre a paier a le fieste de Miesines procaine venant, / pour bresil

---

[1] *Über dem folgenden*: valituram esse volumus, donec demereatur, quod demeritum rebus suis omnibus emendetur taliter, quod perdet effectum, cum decem / talenta exsolvet. Item pro marca qualibet cudenda dabit nobis sex denarios, pro concambio vero marce duos denarios, de quibus solventur / annuatim sex marce personis, quibus ex successione paterna debentur ex moneta Mindensi, apud nos si quid residuum fuerit remanente. [2] *Ebenso*: sigillorum. [3] *Ebenso*: capituli ac consulum civitatis Mindensis munimine roboratum. [4] *Dazwischen geschrieben*: [MC]XCVII in vigilia Jacobi apostoli. — *Auf dem Buge*: testes scribantur nomina consulum.

ke il a eu et recheu et dont il se tient bien a paies et li devant dis Jakes Vicedomini a encouent et proumis parfoit / fiancie pour lui et pour ses compagnons, que il le dete avantdite ne requerront par autre loi ke par le loi de le vile d'Ypre. Ceste / chartre ne puet durer ke . I . an apries le termine a ceste connissance. Furent eschevins d'Ypre Lambert de Scotes, Jakemes le Blake.

Ce fu / fait en l'an del incarnation MCCLXXXVIII, le tiert jour del mois de julie.

Rückseite: C'est Boise Angoiseuse et a ses compagnons.

---

63. Aus dem ältesten Stadtbuch von Lüneburg.

1291.

Or. Hs. Lüneburg, Stadtarchiv.
Facs.: Redlich u. Groß, Privaturkunden X^a.
Ed.: W. Reinecke, Lüneburgs ältestes Stadtbuch u. Verfestungsregister (1903) u. Redlich-Groß, 22.

Prutenen tenetur Johanni Helmoldi XV marcas Luneburgensium denariorum, dimietatem [1] / persolvendam Martini et aliam dimidietatem in nativitate domini, pro quo / exposuit ei equum.

Johannes de Bardewic sororius Ludolfi Hoppensac tenetur Heynen de Meghe/deburg et suis heredibus XXXVII marcas Lun. den., pro quibus dictus Johannes de Bardewich / exposuit Heynoni VI equos et . I . currum.

Christianus miles, Alber Hollo, Volcmarus de Arena, Thidericus Zabel, Johannis Bertoldi, Adeloldus, Nicolaus Puer, Ludolfus Hoppensac, Thidericus Hertesberg, Johannes de Blekede, Seghardus, / Johannes Albus.

Anno domini MCC°LXXXXI° Johannes Rofsac et Johannes filius Elizabet tenentur / Boldewino de Lubeke . L . marcas Hamburgensium denariorum in festo Pasche proximo ven/turo persolvendos pariter ac manualiter data fide.

---

64. Aus dem Imbreviaturbuch des Notars Jakob von Bozen.

1295; April 15. Bozen.

a. Belehnung mit Gegenleistung und Gewährschaft. b. Darlehen.

Or. Haus-, Hof- u. Staatsarchiv, Wien, Cod. suppl. 1137.

---

[1] so Or.

Facs. u. Umschrift: Redlich u. Groß, Privaturkunden (1914) Taf. VII^{c} und Text dazu.

[a] Carta Hainrici Cheramari / die sabati XV. intrante aprili in / Bozano aput plateam ante domum domine Alhaide condam Sunemanni in presentia / domini Morhardi de Grifenstain, domini Gerlochi justitiari, domini Geroldi / justiciari / Gůtelini filii condam domini Cristani, Abelini Genterar, Eber/hardi dictus Salzmaiger, fratri sui Chunradi Jager, Sefridi / mazellatoris, Eberlini marischachi et aliorum.

Ibique dominus Alberus / filius condam domini Eberhardi, sicut tutor Růlandi filii domini V̊ssolini / bone memorie et domine Beatricis, vice, nomine et loco dicti Růlandi / jure et nomine recti et legalis feodi investivit Hainricum Chera/mer de uno manso jacente in Folmareswalt cum omni jure sicut / in suo instrumento continetur. Et fuit confessus habuisse XXXIII / marcas et ipse promisit warandiam supra bona dicti Růlandi et jura/vit fidelitatem.

[b] Carta domini Morhardi de Grifenstain / die et loco et testibus.

Ibique dominus / Albero promisit dare domino Morhardo vice Růlandi LVI libras Veronensium parvu/lorum hinc ad proximum festum sancti Michaelis pro mutuo, omne damnum et cetera.

Fidejussores Gůtelinus condam domini Cristani et cetera.

---

65. König Albrecht I.

1301, Febr. 9. Friedberg.

Schenkung an den Abt von Fulda unter Verpfändung der Juden in seinen Orten.

Or. (mit anhängendem Siegel): Marburg, Staatsarchiv.
Facs.: Kaiserurkunden in Abbildungen VIII. 16c.
Ed.: Dronke, Codex dipl. Fuld. 424.

Nos Albertus dei gracia Romanorum rex semper augustus.

Ad universorum noticiam volumus pervenire, quod / venerabili Heinrico, ecclesie Fuldensis abbati, principi nostro dilecto, ob grata servicia que nobis impendit hactenus / et graciora que nobis faciet et impendet prout nobis promisit firmiter, quingentas marcas den. Coloniensium, tri/bus Hallensibus pro denario computatis, duximus largiendas. Et quia paratam pecuniam non habemus, universos / Judeos, ad presens in suis civitatibus et municionibus residentes et eos eciam qui imposterum se recipient / ad easdem, obligamus eidem tenendos tamdiu et habendos, quousque sibi de predicta summa pecunie per / nos aut nostros in imperio successores fuerit satisfactum, presentium testimonio litterarum, sigilli nostri robore / signatarum.

Datum in Friedeberg anno domini M·CCC· primo, indictione XIIII. V° idus Februarii, regni vero / nostri anno tercio.

---

66. Aus den Registern Bonifaz' VIII.

1302, Nov. 18. Rom [1311—14, Vienne].

Die Bullen „Unam sanctam" und der Eingang der später getilgten Bulle „ Nuper ad audientiam nostram", sowie notarielle Eintragungen über die durch den Vicekanzler angeordneten Rasuren im Register.

Or.-Register: Rom, Vat. Arch. N. 50, Fol. CXL u. CCCLXXXVII.
Facs.: Specimina palaeographica, Tab. XLV u. XLVI.
Ed.: Vgl. Digard, Faucon et Thomas, les registres de Boniface VIII, u. Mirbt, Quellen[4] 210 (N. 372) mit neuerer Litt.; dazu R. Scholz, Aegidius Rom. de eccl. potestate (Weimar 1929) S. X.

LII. / Ad perpetuam rei memoriam.[1] /

Unam sanctam ecclesiam catholicam et ipsam apostolicam urgente fide credere cogimur et tenere, nosque hanc firmiter credimus et simpliciter / confitemus, extra quam nec salus est nec remissio peccatorum, sponso in canticis proclamante „Una est columba mea perfe/cta mea, una est matris sue, electa genetricis sue", quae unum corpus mysticum representat, cuius corporis capud / Christus, Christi vero Deus; in qua unus dominus, una fides et unum baptisma. Una nempe fuit diluvii tempore arca Noe /, unam ecclesiam prefigurans, que in uno cubito consummata, unum Noe videlicet gubernatorem habuit et rectorem, extra quam omnia / subsistentia super terram legimus fuisse deleta. Hanc autem veneramur et unicam, dicente domino in propheta „Erue a fra/mea Deus animam meam et de manu canis unicam meam". Pro anima enim, id est, pro se ipso capite simul oravit et / corpore. Quod corpus unicam scilicet ecclesiam nominavit propter sponsi, fidei, sacramentorum et caritatis ecclesie unitatem. Hec est tuni/ca illa domini inconsutilis, que scissa non fuit, sed sorte provenit. Igitur ecclesie unius et unice unum corpus, unum capud, non / duo capita quasi monstrum, Christus scilicet et Christi vicarius, Petrus Petrique successor, dicente domino ipsi Petro „Pasce oves meas". / Meas inquit generaliter, non singulariter has vel illas, per

---

1 *am Rand*: Declaratio quod subesse Romano pontifici / est omni humane creature de necessitate / salutis. /

quod commisisse sibi intellegitur universas. Sive ergo Greci sive alii / se dicant Petro eiusque successoribus non esse commissos, fateantur necesse est, se de ovibus Christi non esse, dicente domino in Joanne: „Unum ovile / et unum unicum esse pastorem".

In hac eiusque potestate duos esse gladios, spiritualem videlicet et temporalem, evangelicis dictis in/struimur. Nam dicentibus apostolis: „Ecce gladii duo hic", in ecclesia scilicet, cum apostoli loquerentur, non respondit dominus, nimis esse, sed / satis. Certe qui in potestate Petri temporalem gladium esse negat, male verbum attendit domini proferentis: „Converte / gladium tuum in vaginam". Uterque ergo in potestate ecclesie, spiritualis scilicet gladius et materialis sed is quidem pro ecclesia, illa vero / ab ecclesia exercendus, ille sacerdotis, is manu regum et militum sed ad nutum et patientiam sacerdotis. Oportet autem gla/dium esse sub gladio et temporalem auctoritatem spirituali subici potestati. Nam cum dicat apostolus: „Non est potestas nisi a Deo, que autem [sunt, a Deo /] ordinata sunt"; non ordinata essent, nisi gladius esset sub gladio et tamquam inferior reduceretur per alium in su/prema. Nam secundum beatum Dionysium lex divinitatis est, infima per media in suprema reduci. Non ergo secundum ordinem / universi omnia eque ac immediate, sed infima per media, inferiora per superiora ad ordinem reducuntur. Spiritualem autem / et dignitate et nobilitate terrenam quamlibet praecellere potestatem oportet tanto clarius nos fateri, quanto spiritualia temporalia / antecellunt. Quod enim ex decimarum datione et benedictione et sanctificatione, ex ipsius potestatis acceptione, ex ipsarum rerum / gubernatione claris oculis intuemur. Nam veritate testante spiritualis potestas terrenam potestatem instituere / habet et iudicare, si bona non fuerit. Sic de ecclesia et ecclesiastica potestate verificatur vaticinium Ieremie: „Ecce con/stitui te hodie super gentes et regna" et cetera que secuntur.

Ergo si deviat terrena potestas, iudicabitur a pote/state spirituali, sed si deviat spiritualis minor a suo superiori; si vero suprema a solo Deo, non ab homine poterit iudica / ri, testante apostolo: „Spiritualis homo iudicat omnia, ipse autem a nemine iudicatur". Est autem hec auctoritas, etsi data sit homini, / et exerceatur per hominem, non humana, sed potius divina potestas, ore divino Petro data, sibique suisque successoribus in ipso Christo, / quem confessus fuit, petra firmata, dicente domino ipsi Petro: „Quodcunque ligaveris" et cetera. Quicunque igitur huic po/testati a Deo sic ordinate resistit, Dei ordinationi resistet, nisi duo sicut Maniceus fingat esse principia, / quod falsum et hereticum iudicamus, quia testante Moyse, non in principiis sed in principio celum Deus creavit et / terram. Porro subesse Romano pontifici omni humane creature declaramus, dicimus et diffinimus omnino esse / de necessitate salutis.

Datum Laterani XIIII. kal. decembris, anno octavo.

LIII. Ad[1] perpetuam rei memoriam / Nuper ad audientiam nostram[2] — — [*der Rest dieser Seite* (5 *Zeilen*) *ausradiert*].

Über die in der Zeit Clemens' V. zu Vienne unter dem Druck der französischen Politik vorgenommene Kassation von Bullen Bonifaz' VIII. gegen Philipp den Schönen unterrichten die folgenden, fol. CXL eingetragenen Notariatsinstrumente.

Ego Oddo de Sermineto publicus apostolica auctoritate notarius ac litterarum apostolicarum regestrator, de expresso / mandato reverendorum patrum domini Berengarii episcopi Tusculanensis ac domini Arnaldi tituli sancte Prisce presbyteri cardinalis / sancte Romane ecclesie vicecancellarii, facto michi per eos ex parte sanctissimi patris et domini nostri domini Clementis, divina providentia / pape V^{ti}, qui hoc eis pluries vive vocis oraculo mandaverat ut dicebant, feci seu in presentia mea et magistrorum Andree de Setia / et Emanuelis de Parma fieri feci rasuras vacuas, que sunt in quaterno quinto et sexto / foliis proxime precedentibus, quarum primam inmediate precedit quedam littera, que incipit „De Statu terrarum" etc. et / sequitur alia que incipit „Nuper ex rationabilibus" et cetera; secunda vero rasura facta in littera, que incipit „Asculta", incipit / inmediate post verba „efficaciter adimplere" et infra et finit ante verba illa „Ad te igitur" et cetera; tertia autem rasura, / in eadem littera facta, incipit immediate post verba „Nec habens aliquod inhonestum" et infra et finit ibi ante verba illa „Ad / hec ne terre sancte negotium" et cetera; ibidem in quarta linea subsequenti facta una alia rasura unius tantummodo dictionis; / ultima quoque rasura incipit proxime post verba illa „Sic te prepares in premissis" et infra et finit ibi ante verba / illa „ut in presenti divinam gratiam" et cetera. Ideoque predicta de eodem mandato in rei geste testimonium scripsi sub solito signo / meo. Vienne in hospitio domini cardinalis vicecancellarii supradicti. [S. N.]

Et ego Andreas Taccon. de Setia, publicus imperiali auctoritate notarius ac literarum regestrator apostolicarum, / predicta omnia per eundem modum ut predictus magister Oddo de eodem mandato feci seu fieri feci. Ideoque / de mandato predicto hic in rei geste testimonium in domo predicti domni vicecancellarii me subscripsi / sub solito signo meo [S. N.].

---

[1] *Am Rand*: Littera contra processus et appellationem regis Francie.

[2] *Dahinter ein Zeichen, wozu am Rand*: et infra; *dann* corrigatur secundum notam.

67. Städtische Gefälle von Senlis.

Bis 1315.

Verzeichnis städtischer Einkünfte aus Fischerei, Minage und Wechsel nebst Zahlungsterminen und Eingängen.

Or. Wachstafeln, Stadtarchiv Senlis (Eintragungen von wechselnden Händen je bei neuem Item).
Facs.: Musée des archives départementales (Paris 1878) pl. XLIV, Nr. 107. Text ib. S. 271 ff.

[6] § Gefrai le Beque print le minage a faite saint Piere et saint Pol, l'an / XII à III ans, par LX et X[V] libvres chacun an, à paier à III termes, alla touzains / et alla chandelleur et all'assenzion. Paié XXV libvres, la velgle de la tou S. l'an XII / Item poiei XXV libvres dou terme de la chandeleur ensuiant. Item / XXV libvres dou terme de l'asancion ensuiant, l'an XIII. Item / XXV libvres dou terme de la tousains l'en XIII. Item XXV libvres dou terme de la chan / deleur, l'en XIII. Item XXV libvres dou terme de l'asencion l'en XIIII. Item XXV libvres / du terme de la tousains, l'en XIIII. Item XXV libvres du terme de la / chandeleur l'en XIIII. Item XXV libvres du terme de l'asancion l'en XV. /

[7] § Iehen de Blangi print les changes a fait saint Piere et saint Pol, l'an / XII, à I an, par VIII libvres à poier la moitié à nouel e l'autre alla saint Iehen. / Paié IIII libvres dou terme de nouel. Item paiei IIII libvres dou terme de la Saint / Iehen l'an XIII.

[8] (*durchgestrichen*) § Iehen le Changeur, le changeur, print le change de la monnoie et I de changes / a faite saint Piere et saint Pol l'an XI par IIII libvres et X sols l'an, à poier la / moitié à nouel et l'autre alla Saint Iehen. Poié une poiée, item 1ne paie. /

---

68. Kaiser Ludwig der Bayer.

1335, August 22. Nürnberg.

Befreiung der Nürnberger von Geleitsabgaben.

Or. (mit Majestätssiegel an roten Schnüren): München, Reichsarchiv KLS 595.
Facs.: Kaiserurkunden in Abbildungen IX, 24c. Text. S. 335. Böhmer, Reg. L. 1702.

Wir Ludowig, von Gotes genaden Römischer keiser ze allen zeiten merer des / riches, verjehen offenlich an disem brief und tůn chunt allen den die in ansehent oder ho̊rent lesen, / daz wir den weisen lůten den burgern gmeinlichen ze Nůrenberg unsern liben getrewen, diu / besunder genade getan haben und tun auch mit disem brief, daz si mit irem gůt durch alliu gelait, die wir den herren, swie die genant sin, ietzund versetzet haben oder noch versetzen, vrey, / ledig und los, an all irrunge und hindernůzz varen sůllen, also daz chein herre noch niemand anders / nichtes an si vordern noch muten sol von keines gelaittes wegen, und wellen auch daz di herren, / die di gelait innemen, si schirmen sůllen, ze gelicher weis, als ob si gelait von in nemen, an alles ge/verde.

Und daruber ze einem urchunde geben wir in disen brief mit unserm keyserlichem insigel / versigelten, der geben ist ze Nůrenberg an dinstag vor Bartholomei, nach Kristus geburt / driuzehenhundert jar, darnach in dem funf und dreizzigistem jar, in dem aynen und zweinzigi/sten jar unsers reiches und in dem achten des keysertůms.

---

69. Kaiser Ludwig der Bayer.

1337 [16. Dez.] München.

Privileg für den Hochmeister des Deutschordens, Belehnung mit Littauen und Verleihung von Wappen, Fahne und Namen Beyern an die Hauptburg, die ein erzbischöflicher Sitz werden soll.

Or. Perg. (mit anhängender Goldbulle): Königsberg, Staatsarchiv, K. Urk. 319 [Über einen undatierten Entwurf dazu vgl. Werminghoff, Arch. f. Urkundenforsch. V, 19].

Facs.: Arndt-Tangl, Schrifttafeln III, 94. — Stacke, Deutsche Gesch. I, 632.

Text: ebd. bei Tangl u. Stacke (sonstige Litt. bei Werminghoff, aaO., 20). — Böhmer, Reg. 1876.

Zur Kritik und zum Inhalt vgl. zuletzt Werminghoff, Arch. f. Urkundenforsch. V, 21 ff.; zur Form Tangl, aaO.

§Ludowicus[1]§ QUartus Dei GRacia Romanorum Imperator Semper Augustus.

Universis Christi fidelibus pre/sentibus et posteris gratiam suam et omne bonum.

Multifariam multisque modis variis christianus populus, quem orthodoxe fidei volgor illuminat, diversarum virtutum iubare irradians / et preclarus sacrum ac felix Romanum imperium cunctis mundi

---

[1] *Die Buchstaben des Namens reich verziert; ebenso alle Anfangsbuchstaben der ersten Zeile; in der Initiale L der Kaiser mit Krone, Zepter und Reichsapfel, vor ihm der kniende Hochmeister mit bayrischer Fahne.*

presertim principatibus quibuslibet barbaris prepollere nacionibus fecit in preterito, verum etiam disponente omnium domino efficiet in futuro. Nempe publice / rei tuicio de stirpe gemina pullulans vimque suam exinde muniens celibi videlicet milicia solidat et confirmat, sicque eminencia extollitur et perversorum presertim crucis Christi inimicorum infidelium malicia extra mundi / terminos profugatur. Eapropter non tantum in nostris armatis militibus seu bellorum ducibus, quantum in religiosorum assidue deo militancium devotis intercessionibus et aliis piis operibus nostre spei anchoram fingentes, coruscantis / glorie nostre solium sublimius et solidius in speculo sublevatur.

Religiosam itaque vitam ducentibus serenitatem nostram convenit prospicere et ipsorum utilitatibus intendere, ut felicis status recipiat incrementum et eorum facultates augendas graciosa / largicio principis excitatur. Inter ceteros autem illi precipue nostram graciam, beneficia et benivolentiam promerentur, quibus hospitalitatis piissime et defensionis rei publice necnon alia pietatis opera suffragantur, qui abiectis rebus suis, pro/priis voluntatibus abdicatis spretoque suorum corporum cruciatu ascendentes in adverso pro Romano imperio et domo Ierusalem se murum non formidant exponere et in proprio sangwine pro fide catholica et paternis legibus animarum suarum pallia rubri/care; veluti venerabiles in Christo frater Theodericus de Aldenburg, magister generalis princeps noster et Romani imperii karissimus, ceterique fratres ordinis hospitalis beate Marie domus Theutonicorum Ierusalimitani, quorum sancta religio / ab imperialibus beneficium sumpsit initium ac imperialis ortus floridus imperatorum plantula et factura a nullo principe tantum quantum ab imperatoribus in rebus temporalibus incrementum. Sane quia venerabilis magister et frates / prelibati et totus illibatus ordo grata et laboriosa ad divini nominis laudem et gloriam et catholicam fidem ampliandum servicia, in quibus agendis incessanter et strenue se inmiscent, se nobis valde graciosos et placidos representant; non / inmerito ad tam pii negocii subsidium fervidis desideriis anhelamus, ipsos ad benivolos applausive dulcedinis admittentes amplexus.

Nam novissimis istis temporibus illustris princeps patruelis noster dilectus Heinricus / dux Bawarie egregias edificiorum iuncturas in infidelium Lytwinorum regionibus primogenitas indissolubiliter imperpetuum ad tocius orthodoxe fidei machinam supportandam annuente altissimo veluti columnarum prestancia perman/suras utpote castrum capitale tocius terre Lythowie provide construxit, cooperante ad hoc venerabilium generalis magistri et suorum fratrum consilio et auxilio. Ob eiusdem pa/truelis nostri interventum et strennua merita predictorum fratrum ipsis et beato ordini memorato ad laudem et gloriam omnipotentis dei et beatissime virginis Marie matris sue gloriose terram Lyth/winorum cum omnibus pertinentiis suis et partibus cuiuscumque ydiomatis, sive Hamayten, Karsow vel Rusye seu alterius cuiuscumque existant prout nunc sunt vel ad quamcumque fidem / declinaverint, de imperiali auctoritate donamus pure et irrevocabiliter iure proprio in perpetuum pro se et suis successoribus recipientibus dictam terram dictumque fratrem Theodericum felicem nostrum / et imperii principem nomine dicti sacri ordinis investimus de eisdem cum administracione temporalium et iurisdictione eiusdem plenaria principatus.

Cui quidem castro principali idem noster / patruelis dilectus nomen et insignia armorum et vexilli terre Bawarie que Beyern dicitur apropriavit, ita quod insignia sui vexilli ea debent honoris et dignitatis prerogativa pollere, / ut pre omnibus vexillis aliis in expedicionibus contra Lythwinos sint anteriora in agressu et ultima in recessu et nichilominus predicte regionis incole quos opitulante omnium condi/tore in eadem terra felici succedente tempore inhabitare contigerit, in prefato castro capitali debebunt requirere sua iura. Dictus etiam patruelis noster dilectus glorie et laudis dei matrisque sui gloriose non inmemor, set iuste et religiose cogitans, deliberavit una cum prefato magistro generali maturo prehabito consilio instituendam et construendam fore / in predicta terra, quamprimum eam omnipotens deus fide catholica ampliaverit, ecclesiam kathedralem, in qua tamquam in ecclesia metropolitana archyepiscopus sit metropoli/tanus una cum canonicis ibidem instituendis perpetuo permanebit. Et si qui suffraganei opitulante domino imposterum creabuntur, illi eidem archyepiscopo tamquam suo metropoli/tano suberunt et sibi exhibebunt in omnibus obedienciam reverenciam debitam et honorem. Que quidem ecclesia et archyepiscopatus Beyern appellabitur in eternum.

In cuius rei testimonium presentes conscribi et / nostra bulla aurea signoque nostro consueto jussimus communiri.

[*Monogramm im Text.*]

Datum Monaci XVII nonas decembris, anno domini millesimo trecentesimo tricesimo septimo, indictione quinta, regni nostri anno vicesimo tercio, imperii vero / decimo.

⁑Signum domini Ludowici Romanorum imperatoris invictissimi⁑.

---

70. Kaiser Johannes V. Palaeologos.

Gegen 1346.

Bestätigung der Privilegien für die Kaufleute aus Narbonne, in griechischer und lateinischer Sprache.

Or. (*mit eigenhändiger Unterschrift des Kaisers in roter Tinte*): *Stadtarchiv Narbonne.*

Facs.: Musée des archives départementales pl. XLIV, N. 111. Texte, S. 282. Vergleichsmaterial jetzt bei F. Dölger, Facsimiles byzant. Kaiserurkk. München 1931.

† Ἐπεὶ διὰ τοῦ κονσούλου τῶν Ναρβωνησίων τῶν ἐν τῇ Κωνσταντινουπόλει / ἀναστρεφομένων, ὡς ἀπὸ μέρους τῆς ὅλης Ναρβώνης ἡ βασιλεία μου / παρεκλήθη ὅπως τὰς αὐτοῖς παρασχεθείσας ἐξουσείας τε καὶ ἐλευθερίας / καὶ χάριτας παρὰ τοῦ ἐνδοξοτάτου αὐθέντου καὶ πατρός μου τοῦ ἁγίου βασιλέως / ἐκείνου, σεπτῷ χρυσοβούλλῳ καὶ ἡ βασιλεία μου ἄξιον κρίνῃ ταύτας / ἐπικυρῶσαι, τὴν αὐτοῦ προςδεξαμένη εὐμενῶς ἱκεσίαν, ὁρίζει / καὶ βούλεται ὅπως αὐτὸ τὸ χρυσόβουλλον καὶ πάντα καὶ καθέκαστον τὰ ἐν / αὐτῷ ἐμπεριειλημμένα τὴν ἐκ τῆς ἡμετέρας δωρεᾶς ἐπικύρωσίν τε κατέ/χωσι καὶ βεβαίωσίν. Καὶ αὐτῶν μέντοιγε συμπληρούντων καὶ φυλαττόντων / ὅσα τῇ ἡμετέρᾳ βασιλείᾳ ἐπεγγείλαντο, ἐν αὐτῷ τῷ σεπτῷ χρυσοβούλλῳ / διαλαμβανόμενα. Ἐκφανέστερόν τε προστάττει ἡ βασιλεία μου, μή τι και/νότερον αὐτοῖς ἐπενεγχθῆναι ἕνεκεν τοῦ μεγέθους τοῦ μέτρου τοῦ πήχεως/, μήτε μὴν τινὸς ἄλλης αἰτίας, εἰ μὴ καθάπερ γέγονεν ὅτε τὸ διαληφθὲν χρυ/σόβουλλον παρεσχέθη αὐτοῖς. Εἰς οὗ δὴ πράγματος μνήμ ν τε καὶ ὀχύρωμα / τῷ παρόντι σεπτῷ χρυσοβούλλῳ γράμμασιν ὡς ἔθος ἐρυθροῖς ὑπογράψας, καὶ βουλλῇ / χρυσῇ τῆς βασιλείας μου κραταιωθῆναι προσέταξα. †

Cum per consulem Narbonensium conversantium in Constantino/poli pro parte universitatis Narbone nostro imperio extiterit / supplicatum, quatenus immunitates, franchisias et libertates eis con/cessas per dive memorie quondam dominum et genitorem nostrum sanctum / imperatorem, per sacrum privilegium imperiali aurea bulla munitum / dignaremur sibi gratiosius confirmare, imperium nostrum ipsa sua sup/plicatione admissa benigne vult ac precipit, quod ipsum privilegium et / omnia et singula in eo contenta confirmationem de nostra munificen/tia et robur obtineant, ipsis tamen semper adimplentibus et servantibus / quecumque per eos nostro imperio sunt promissa in eodem privilegio com/prehensa; mandando expressius, ne ulla sibi novitas inferratur / de maioritate mensure pichi nec alia de causa, nisi prout sibi/factum fuit tempore concessionis sacri privilegii memorati. In cuius rei/firmitatem atque memoriam presenti sacro privilegio litteris rubeis im/perialibus subscripsimus more solito, et bulla aurea pendenti im/perii nostri iussimus roborari.

(rot) † Ἰω[άννης] ἐν Χ̅Ω̅ τῷ θεῷ πιστὸς βασιλεὺς καὶ αὐτοκράτωρ Ῥω/μαίων ὁ Παλαιολόγος. †

71. Kaiser Karl IV.

[1355] Dez. 28. Nürnberg.

Brief an den Card. Peter von Ostia zur Fürsprache für Gottfried von Ziegenhain.

Or.-Brief auf Perg. (durch Sekret unter Papier versiegelt): Marburg, Staatsarchiv.
Facs.: Kaiserurkunden in Abbild. V, 8a. — Text S. 94.

Reverendissime pater et amice karissime.

Pro nobili Gôtfrido nato Gôtfridi comitis de Zygenhan, consangwinei et fide/lis nostri dilecti, direximus sanctissimo in Christo patri ac domino, domino Innocentio summo pontifici pro canonicatu et prebenda in ecclesia Moguntinensi sibi providenda preces nostras efficaces. Quapropter paternitatem et amiciciam vestram attentis / affectibus requirimus et rogamus, quatenus nostre consideracionis intuitu antedictum Gôtfridum aut nunc/cios suos aput / dominum nostrum papam in prefatis nostris peticionibus, prout de vobis specialiter confidemus, dignemini effectualiter promovere, nostre / maiestati in eo gratam complacenciam exhibentes.

Datum Nurmberg, die 28ª mensis decembris, reg/norum nostrorum anno decimo, imperii vero primo. /

Karolus quartus divina favente clementia / Romanorum imperator semper augustus et Boemie rex.

Auf der Rückseite: Reverendissimo in Christo patri domino / P. Ostiensi et Velletrensi episcopo, sacrosancte / Romane ecclesie cardinali, amico nostro karissimo /.

---

72. Kaiser Karl IV.

1360, Mai 8. Tyrnau.

Vertrag mit König Ludwig von Ungarn.

Registerfragmente aus der Kanzlei Karls IV. (Fol. 17a): Dresden, Staatsarchiv.
Facs.: Kaiserurkunden in Abb. VI, 21.
Ed.: Glafey, Anecdotorum S. R. I. hist. illustr. collectio, 119. — B.-H. Reg.-Imp. 3115.

Karolus etc. [*übergeschrieben von anderer Hand:* Lud. dei gra. Ungar. rex.]

Notum facimus etc. Sicut venenum aspidum insanabile quidem

confiditur, quando proditorie suggestionis vicio humanis fuerit carnibus applicatum, / sic et lingue pestifere virulente saniei delibute versuciis inter serenissimum principem dominum Ludowicum[1] regem Ungarie, illustrem fratrem nostrum carissimum / ab una, et nos parte ab alia turpis utique mali odiosam perniciem seminassent, nisi tantis perfidiis et viciosis conatibus nostra utrobique sollercia auctore / domino et racionis adiuta suffragiis prudentius obstitisset.

Ideoque ut de corde carissimi nostri fratris omnis mali tollatur suspicio, sibi in verbo nostre veritatis honoris / et fraternalis fidei ac eciam virtute corporalis super hoc prestiti iuramenti promittimus et spondemus, quod talibus detractivis susurrancium loquelis et malis sermonibus, qui statum / famam vel honorem dicti nostri fratris quovis pretextu videbantur seu poterant in aliquo sugillare, habito respectu ad consanguinitatis, affinitatis et parentale vincula, / quibus nos utrobique divina clemencia federavit, et ad sinceram fidem ac mutue dilectionis flagranciam, quibus se nostri progenitores, dum viverunt, sunt / quidem benignis et constantibus amiciciis prosecuti, numquam aurem credulitatis nostra magestas[2] apposuit nec apponet inantea aut fidem habebit / in tam proditoriis et vanis relatibus, sed omnibus eliminatis a nostro corde et animo nec non cuiuscumque sinistre informacionis conceptuum vestigiis reliquiisque / penitus evulsis, si que sine impressione credulitatis nostro forsitan animo inhesisse quomodolibet potuissent.

Auxiliante deo gubernatore bonorum operum / pro nostris viribus ad omnia illa nitemur, que honoris, fame ac profectus eiusdem nostri fratris augmentum necnon principatuum et dominorum eius / uberem statum prospiciunt, id ipsum sperantes indubie erga predictum carissimum nostrum fratrem relative dileccionis affectibus invenire.

Datum[3] in Tyrnavia, anno MCCCLX°, feria VI. ante ascensionem domini etc. regnorum etc. Cancellarius.

---

73. König Wenzel.

1392, Febr. 14.

Erteilt den Brüdern Hans u. Claus Conzman von Staffurt einen Wappenbrief.

Or.-Perg. mit anhängendem Majestätssiegel: Karlsruhe, Generallandesarchiv.
Facs.: Kaiserurkunden in Abbildungen VI, 22.
Ed.: Anzeiger für Kunde der deutschen Vorzeit (1882) 29, 164.

---

[1] *Übergeschrieben wie Zeile 1:* dominum dominum Karolum etc.
[2] providencia *übergeschrieben.* [3] *Das Folgende von anderer Hand und Tinte.*

Wir Wenczlaw, von Gotes gnaden Romischer kunig, zu allen czeiten merer des reichs und kunig / zu Beheim, bekennen und tun kunt offenlich mit disem brive allen den die in sehen oder horen lesen, das / fur uns komen sint Hans Conczman von Staffurt und Claus sein bruder unsere liben getrewen, und / baten uns mit fleisse, das wir in die [*gemaltes Wappen inmitten des Textes*] nachgeschriben wappen: einen weissen / sparren in einem blawen felde und in der / hohe desselben sparren einen roten nagel, / als dieselben wappen hyrynne gemalt / sint, von Romischer machte geruchten / gnediclichen zu verleyhen.

Des haben wir / mit wolbedachtem mute, rate unserr ge/trewen und von rechter wissen den / egenanten brudern und iren erben die obgenanten / wappen, als sie hirynne gemalt sint / gnediclichen verlihen und gegeben, ver/leyhen und geben in die von Romischer/ kuniglicher macht in craft ditz brives/ , also das sie und ire erben dieselben / wappen uff dem schilte und dem helm / furbasmer ewiclichen furen und der / an allen steten zu stechen zu turny/ren und andern ritterlichen werken / beyde zu schimpf und zu ernste, an / allermeniclichs hindernusse, gebrauch/en sollen und mogen gleicher weis, als / die von rechtem erblichen stammen an / sie komen und geerbet weren. Ouch tun / wir in dise besundere gnade von der / egenanten romischen kuniglicher machte, / das sie und ire erben gleich andern / edeln, rittermessigen leuten beyde zu / gerichte siczen, recht und urteil sprech/en, lehen versteen, bedienen und behalt/en sollen und mogen, unschedlich doch hieran allermeniclichen an iren wappen. Mit urkunt dicz / brives, versigelt mit unserr kuniglichen maiestat insigel.

Geben zun Betlern, nach Crists geburt / dreyczehenhundert jar und dornach in dem czweyundnewnczigisten jare, an sand Valenteins tage, / unserr reiche, des Behemischen in dem ⟨indem⟩ newenundczweinczigisten und des Romischen in / dem sechczehendisten jaren.

Auf dem Umbug: ad mandatum domini regis / Io. electus Caminensis cancellarius /.•

Auf dem Rücken der Registrierungsvermerk: R. Bartholomeus de Nova Civitate.

---

74. Aus dem I. Nürnberger Ratsbuch.

[Nach 1401, Mai 4.]

Eintragungen aus dem Manuale nach den Ratsfragen der Bürgermeister Ebner und Grolant.

Or.-Schweinslederband: Nürnberg, Kreisarchiv, Ratsbücher I.
Facs.: Chroust, Monumenta palaeographica. 1. Ser. XXIV, 3.
Zur Erläuterung: P. Sander, Die reichsstädtische Haushaltung Nürnbergs (L. 1902). S. 82, 98.

Burgermeister her Albrecht Ebner / und her Jacob / Grolant feria IIII[a] post Walpurgis primo. /

Hans Mullner und Hans von Lauff sullen den Mullnern / mulwerk arbeiten das jar biz auf den newen rat.

Winkler, wenn der her heim kumt, besenden und ze rede / seczen von der von Ötingen geleit wegen, und den von / Ötingen verschreiben.

Peter Haller und Weigel Graser sullen Philippen Grozzen / red hören und werkleut und mullner zu in nemen und / besehen von der mul wegen und herwider bringen /.

Czink, wenn der her heim kumt, so sol er III wochen / auf einem turn sein, on gnad, und sol die einen wochen / in einem kemerlein sein, darumb daz er unrecht klagt / und furgeben het von der von Ötingen geleit wegen / [und daz er vber das awsfur, daz der burgermeister nach im sant et cetera][1] und sol man für x gulden pfant her auf yeczund / von seiner wirtin nemen und der niht hinwider abgeben / biz er in die puzz kumt. Haben die losung pfand / mantel rek et cetera. Promisit: wenn er nehst her / wider heim kum, in dreyen tagen in die puzz ze geen.

---

75. Aus den Missiven des Rats von Basel.

1410, Dez. 16. Basel.

Schreiben an Eberhard Waldener wegen der Ansprüche von Gözman Münch.

Basler Stadtbuch, Missiven I (1409—13), S. 159.
Facs.: Rud. Thommen, Schriftproben aus Hss. des XIV—XVI. Jahrh. (Basel 1888), Taf. 7 (in der 2. Aufl. 1908 leider ausgeschieden).

Also ist Eberhart Waldener verschr[iben] / von Göczman Münchs wegen etc. /

Unsern dienst vor, lieber Eberhart, uns hat furbraht Goczman Münche, / unser bürger din swager, daz du yme etwaz pferden ze Yltzich genommen habest / von söllicher diner zuspruche wegen, darumb er dir rechnunge und / fruntliche rehte und tage gebotten hab. Bitten wir dich, daz du dinen swager / die pferid keren wellest. Hastu ym[2] dann umb uczit zů zesprechend, dar/umb welle er gerne czu einem früntlichen tag gen Nüwenburg komen, / wenn dů wilt, und dazů[3] dinen zůspruchen in semlicher maßen antwurten[4], / daz er getruwe bij

---

[1] *am Rand.* [2] *Über durchstrichenem* ynen. [3] *Über durchstrichenem* sich gegen. [4] *Korr. aus* verantwurten.

glimpff und bescheidenheit zestand. Din antwurt verschr. bij disem botten.

Datum tercia feria ante Thome apostoli, anno etc. X^{mo}.

Gunther etc.

76. Herzog Philipp der Gute von Burgund.

1435[?]. Sept. 11. Löwen.

Credenzbrief für Johann de Moisy an Kanzler und Marschall.

Or.: (ganz eigenhändig): Dijon, Arch. dép. de la Cote d'Or.
Fasc.: Musée des archives départementales, pl. XLIX. N. 126. *Text S. 306.*

Chancellier et mareschal Fix de Pusel, creés Iehan de Moysy de ce qu'il vous dira de par moy comme moy mesme. Escript et signé de ma bonne et digne main.

A Louvain, le XIe jour de ceptembre.

Ph[ilipp]e.

Rückseite: Au chancellier et mareschal.

77. Papst Eugen IV.

1446, Juni 8. Rom.

Verleiht durch apostolisches Breve Dispens vom Makel unehelicher Geburt.

Or.: Paris, Arch. nat. L. 325.
Facs.: Recueil de facsimilés à l'usage de l'école des chartes (Paris 1880), 68. — Arndt-Tangl, Schrifttafeln III, 99b. [Zu Verschluß u. Umhüllung von Breven vgl. Recueil, 69, u. Schmitz-Kallenberg, Arch. f. Urk.-Forsch. II, 513 mit Abb.].

Eugenius papa IIII.

Dilecte fili, salutem et apostolicam benedictionem.

Cupientes dilectos filios fratres tui ordinis multiplicari numero, ut melius valeant divinis deservire, devotioni tue cum / iis ex dictis fratribus qui essent illegitime geniti, dummodo alias sint idonei, ut eiusmodi geniture defectu non obstante valeant ad sacros ordines promoveri et curam / administrationemque beneficiorum ipsius ordinis, que canonice eis conferantur, habere, concedimus auctoritate apostolica tenore presentium facultatem.

Datum Rome apud / Sanctum Petrum sub anulo nostro secreto, die VIII. julii MCCCCXLVI., pontificatus nostri anno sexto decimo. /

Blondus.

---

78. König Friedrich III.

1447, Nov. 13. Wien.

Brief an Herzog Albrecht wegen des Lehnseides von Burgund, nebst Beilage (Kanzleiformular für den Eid).

Or. (*Siegelspuren auf dem Rücken des Briefes; die Beilage Kanzleientwurf*): *Wien, Haus-, Hof- u. Staatsarchiv.*

Fasc. des Briefes: Kaiserurkunden in Abbildungen XI, 16^{c}; der Beilage: ebd. XI, 9^{b}.

Ed. des Briefes: ebd. Text 498; der Beilage: Chmel, Materialien z. österr. Gesch. I, 277.

Fridrich von gotes gnaden Romischer kunig zu allen zeiten merer des richs, herzog zu Osterrich und zu Steir etc.

Hochgeborner lieber bruder und furst. Wir schicken dir hierinne verslossen in geschrifft die form des aids, den der herczog von Burgunien deiner lieb an unser statt von der lehen wegen tun wird; begern wir an dein lieb, wenn du solichen aid von im aufnemest, das du darob seiest, das er uns des sein brieve und urkunde, darinne solicher aid von wort zu wort begriffen sei, darumb gebe und uns denn solichen brieve furderlichen zu schikest. Daran tust du uns sonder wolgefallen und kompt uns von dir zu gutem dank.

Geben zu Wienn am mantag vor sant Elspeten tag, unsers richs im achten jar.

Ad mandatum domini regis in consilio.

Dominus Philippus dei gracia dux Burgundie Lotharingie Brabantie et Limburgie, comes Flandrie, Artesii, / Burgundie palatinus, Hannonie, Hollandie, Zellandie et Namurci marchio sacri imperii, ac dominus Frisie, Salinie et Mechlinie, fidelitatem et hommagium faciet et prestabit domino Frederico dei gracia Romanorum regi semper augusto, / Austrie, Stirie et Carniole etc. duci, de omnibus hiis que idem dominus dux ex successione inclite memorie deffuncti domini / Johannis, Burgundie etc. ducis, clarissimi genitoris sui in patriis ac dominiis Burgundie et Flandrie (seu in limitibus ipsarum patriarum)[1] a

---

[1] *Über der Zeile nachgetragen.*

sacro Romano imperio / in feudum et hommagium tenere et recipere debet taliter ac sub eis modo et forma, quibus dictus deffunctus / dominus dux Iohannes illam seu illud prestitit et fecit clarissime memorie domino Sigismundo Romanorum imperatori nuper deffuncto suique predecessores priscis temporibus dominis Romanorum imperatoribus ac regibus ea prestare / solit sunt. Ad quas quidem fidelitatem et hommagium dictus dominus rex Fredericus prefatum dominum Philippum Burgundie / ducem recipiet et admittet ac literas suas patentes sigillo maiestatis sue communitas sibi desuper in bona forma / dabit et concedet de principum suorum consensu, ratifficando, approbando et confirmando omnes et singulas literas, / concessiones, libertates et privilegia per dominos Romanorum imperatores ac reges predecessoribus eiusdem domini Philippi / Burgundie ducis quomodolibet factas datas et concessas, seu facta data et concessa. /

Diesem Formular für Burgund und Flandern (1) folgen die entsprechenden für Lothringen, Brabant und Limburg (2), sowie für Hennegau, Holland, Seeland und Friesland (3).

---

79. König Friedrich III.

1448, Februar 17.

Abschluß des Wiener Concordats mit Papst Nicolaus V. durch den Cardinallegaten Johann.

Or. in Buchform (mit anhängenden Siegeln des Königs und des Cardinals): Wien, Haus-, Hof- u. Staatsarchiv.
Facs. (z. T.): Kaiserurkunden in Abbildungen XI, 19a.
Ed.: Koch, Sanctio pragmatica Germanorum, 201, und sonst öfter. Chmel, Reg. 2423.

In nomine Domini amen. Anno a nativitate eiusdem / millesimo quadringentesimo quadragesimo octavo, die decima septima / mensis februarii inter sanctissimum in Christo patrem / ac dominum nostrum dominum Nicolaum divina providentia papam quintum / apostolicamque sedem ac nationem Alamanicam, sanctissimi domini / nostri et sedis eorundem nominibus per reverendissimum in Christo patrem / ac dominum, dominum Joannem sacrosancte Romane ecclesie cardinalem legatum ad nationem Germanicam de latere / missum, plena in ea parte auctoritate et potestate munitum, et pro / ipsa natione Alamanica per gloriosissimum principem ac dominum / nostrum dominum Fridericum Romanorum regem semper augustum / etc., plurimorum sacri Romani imperii electorum aliorumque eiusdem / nationis tam ecclesiasticorum, quam secularium principum consensibus / accedentibus conclusa laudata et acceptata sunt concordata sub/scripta.

Sanctissimus dominus noster Nicolaus papa quintus su/per provisione ecclesiarum beneficiorumque quorumcunque utetur reservationibus iuris scripti et constitutionibus „Execrabilis" et / „Ad regimen" modificatis, ut sequitur:

[1] Ad regimen ecclesie / generalis quanquam immeriti superna dispositione vocati, gerimus / in nostris desideriis, ut debemus, quod per nostre diligentie studium / ad quarumlibet ecclesiarum et monasteriorum regimina et alia benefi/cia ecclesiastica iuxta divinum beneplacitum et nostre intentionis / affectum viri assumantur ydonei, qui presint et prosint com/mittendis eis ecclesiis, monasteriis et beneficiis prelibatis. / Premissorum itaque consideratione inducti et suadentibus nobis / aliis rationabilibus causis nonnullorum predecessorum nostrorum Romanorum pontificum vestigiis inherentes omnes patri/archales, archiepiscopales, episcopales ecclesias, monasteria, prio/ratus, dignitates, personatus et offitia, necnon canonica/tus et prebendas et ecclesias ceteraque benefitia ecclesiastica, cum / cura vel sine cura, secularia et regularia, quecunque et qua/liacunque fuerint, etiamsi ad illa persone consueverint seu / debuerint per electionem seu quemvis alium modum / assumi, nunc apud sedem apostolicam quocunque modo vacantia et in posterum vacatura: [a] necnon per depositionem seu privationem seu translationem per nos seu auctoritate nostra factas et inantea faciendas ubilibet; [b] necnon ad quae alique in concordia seu discordia electi vel postulati fuerint, quorum electio cassata seu postulatio repulsa vel per eos facta renuntiatio et admissa auctoritate nostra extiterit; seu quorum electorum vel postulatorum et inantea eligendorum vel postulandorum electionem cassari seu postulationem repelli aut renuntiationem admitti per nos aut auctoritate nostra continget, apud sedem praedictam vel alibi ubicunque; [c] et etiam per obitum cardinalium eiusdem ecclesiae Romanae aut officiariorum dicte sedis, quamdiu ipsa offitia actualiter tenebunt, videlicet vicecancellarii, camerarii, septem notariorum, auditorum litterarum contradictarum et apostolici palatii causarum auditorum, correctorum, centum et unius scriptorum litterarum apostolicarum et viginti quatuor poenitentiarie prefatae sedis et viginti quinque abbreviatorum nec non verorum commensalium nostrorum et aliorum viginti quinque capellanorum sedis eiusdem in ephitaphio descriptorum et etiam quorumcunque legatorum seu collectorum ac in terris Romane ecclesie rectorum et thesaurariorum deputatorum seu missorum hactenus vel deputandorum aut mittendorum in posterum vacantia et inantea vacatura, ubicunque dictos legatos vel collectores seu rectores aut thesaurarios, antequam ad Romanam curiam redierint seu venerint, rebus eximi contigerit ab humanis; [d] necnon quorumlibet pro quibus-

cunque negotiis ad Romanam curiam venientium seu etiam recedentium ab eadem, si in locis a dicta curia ultra duas dietas legales non distantibus iam forsan obierint, vel eos inantea ab hac luce transire contigerit; [e] etiam simili modo quorumcunque curialium peregrinationis, infirmitatis seu recreationis vel alia quacunque causa ad quevis loca recedentium, si eos, antequam ad dictam curiam redierint, in locis ultra duas dietas ab eadem curia, ut premittitur, non remotis, dummodo eorum proprium domicilium non existat ibidem, iam forsan decesserint, vel in posterum eos contigerit de medio submoveri et nunc per obitum huiusmodi vacantia vel in posterum vacatura; [f] rursus monasteria, prioratus et decanatus, dignitates, personatus, administrationes, officia, canonicatus, praebendas et ecclesias caeteraque beneficia ecclesiastica secularia et regularia, cum cura et sine cura, quecunque et qualiacunque fuerint, etiamsi ad illa persone consueverint seu debuerint per electionem seu quemvis alium modum assumi, que promoti per nos vel autoritate nostra ad patriarchalium, archiepiscopalium et episcopalium ecclesiarum, necnon monasteriorum regimina obtinebant tempore promotionum de ipsis factarum, nunc quocunque modo vacantia aut in posterum vacatura; [g] necnon etiam que per assecutionem pacificam quorumcunque prioratuum, dignitatum, personatuum, offitiorum, canonicatuum, praebendarum, ecclesiarum aut beneficiorum aliorum per nos seu auctoritate nostrarum litterarum immediate collatorum seu conferendorum in posterum, preterquam si virtute gratie exspectative assecutio fiat, nunc vacantia et inantea vacatura, plena super premissis omnibus et singulis cum fratribus nostris collatione prehabita et matura deliberatione secuta ordinationi, dispositioni ac provisioni nostre de ipsorum fratrum consilio auctoritate apostolica reservamus. Decernentes ex nunc irritum et inane, si secus super premissis et quolibet eorum per quoscunque quavis auctoritate scienter vel ignoranter contigerit attemptari.

[2] Item in ecclesiis metropolitanis et cathedralibus etiam apostolice sedi immediate non subiectis et in monasteriis apostolice sedi immediate subiectis fiant electiones canonice, que ad sedem apostolicam deferantur, quas etiam ad tempus constitutum in constitutione Nicolai, que incipit „Cupientes", papa exspectet; quo facto, si non fuerint presentatae vel si presentatae minus canonice fuerint, papa provideat; si vero canonice fuerint, papa eas confirmet; nisi ex causa rationabili et evidenti et de fratrum consilio de digniori et utiliori persona duxerit providendum, proviso, quod confirmati et provisi per papam nihilominus metropolitanis et alliis praestent debita iuramenta et alia, ad quae de iure tenentur.

In monasteriis, que non sunt immediate subiecta sedi apostolice, necnon in aliis beneficiis regularibus, super quibus pro confirmatione seu provisione non consuevit haberi recursus ad sedem apostolicam, non teneantur venire electi seu illi, quibus providendum est, ad curiam ad habendum confirmationem vel provisionem; nec etiam dicta beneficia regularia cadant in gratiis exspectativis. Ubi autem in monasteriis ad curiam Romanam venire seu mittere consueverunt, ibi papa aliter non confirmet seu provideat, quam superius de cathedralibus ecclesiis est expressum. De monasteriis monialium papa non disponat, nisi sint exemta, et tunc per commissionem in partibus.

[3] De ceteris dignitatibus et beneficiis quibuscunque secularibus et regularibus vacaturis ultra reservationes iam dictas maioribus dignitatibus post pontificales in cathedralibus et principalibus in collegiatis exceptis, de quibus iure ordinario provideatur per illos inferiores, ad quos alias pertinet, idem sanctissimus dominus noster per quamcunque aliam reservationem, gratiam exspectativam aut quamvis aliam dispositionem sub quacunque verborum forma per eum aut eius auctoritate factam vel fiendam non impediet, quominus de illis, cum vacabunt de mensibus februarii, aprilis, iunii, augusti, octobris et decembris, libere disponatur per illos, ad quos collatio, provisio, praesentatio, electio aut alia quevis dispositio pertinebit, reservationibus aliis premissis ac dispositionibus auctoritate eiusdem domini nostri pape factis vel faciendis non obstantibus quibuscunque. Quoties vero aliquo vacante beneficio de mensibus ianuarii, martii, maii, iulii, septembris et novembris dispositioni apostolicae sedis reservatis non apparuerit infra tres menses a die note vacationis in loco beneficii, quod alicui de illo apostolica auctoritate fuerit provisum, extunc et non antea ordinarius vel alius, ad quem illius dispositio pertinebit, de illo libere disponat.

Item ad finem, ut haec ordinatio collationis beneficiorum non reservatorum per alternos menses possit per nationem publicari, et omnes, qui ipsa gaudere voluerint, tempus congruum habeant eandem acceptandi, tunc quoad apostolicam sedem in kalendis iunii proxime futuris ipsa currere incipiet durabitque deinceps, nisi in futuro concilio de consensu nationis aliter fuerit ordinatum.

[4] Item circa provisionem apostolice sedi ordinandam modus annatarum hoc modo currat: de ecclesiis cathedralibus omnibus et monasteriis virorum duntaxat vacantibus et vacaturis solventur pro fructibus primi anni a die vacationis summe pecuniarum in libris camere apostolice taxate, que communia servitia nuncupantur; si que vero excessive taxate sunt; iuste retaxentur; et provideatur specialiter in gravatis regionibus secundum qualitatem rerum, temporum et regionum, ne nimium pregraventur: ad quod sanctissimus dominus noster petentibus dabit commissarios in partibus, qui diligenter inquirant et retaxent. Taxe autem predictae pro media parte infra annum a die habite possessionis pacifice totius vel maioris partis

solvantur et pro media parte alia infra sequentem annum; et si infra annum bis vel pluries vacaverint, semel tantum solvetur; nec debitum huiusmodi in successorem in ecclesia vel monasterio transeat.

De ceteris dignitatibus, personatibus, officiis et beneficiis secularibus quibuscunque et regularibus, que auctoritate sedis apostolice conferentur vel de quibus providebitur preterquam vigore exspectativarum aut causa permutationis, solvantur annate seu medii fructus iuxta taxam solitam a tempore possessionis infra annum, et debitum huiusmodi in successorem in beneficio non transeat; de beneficiis vero, que valorem viginti quatuor florenorum de camera non excedunt, nihil solvatur, curratque hec observantia deinceps, nisi eam similiter in futuro concilio de consensu nationis inmutari contingat.

[5] In aliis autem, que per felicis recordationis dominum Eugenium papam quartum pro natione prefata usque ad tempus futuri generalis concilii permissa, concessa, indulta atque decreta et per memoratum sanctissimum / dominum nostrum papam Nicolaum confirmata fuere, in quantum / illa concordie presenti non obviant, ista vice nihil extitit im/mutatum.

[6] Voluit etiam memoratus dominus legatus, quod super / concordatis presentibus singuli metropolitani predicte natio/nis petentibus quibuscunque, quantum opus eis videbitur, sub / sigillis transsumpta concedere valeant, quodque transsumtis / eisdem in iuditio et extra stetur et adhibeatur tanquam huisc / originali carte per omnia plena fides. Per hoc autem, quod / in concordatis huiusmodi sive quibusvis aliis eorum occasione / conficiendis litteris propter competentiorem descriptionem / Alamania specialis appellatur natio, ipsa censeri non debet / a Germanica natione distincta seu quomodolibet separata. /

Ad fidem igitur et robur ac testimonium omnium premissorum nos Fridericus Romanorum rex et nos Iohannes cardinalis / legatus supradicti cartam presentem nostris appensis mandavimus /communiri sigillis.

Ad mandatum domini regis in consilio.

---

80. Aus dem Kirchenbuch von Montarcher.

1469—70.

Eintragungen über Taufen, Eheschließungen, Fortzug und Begräbnisse in Montarcher (Loire, Arrond. Montbrison), durch Claude Ferrier, Vikar.

Or.: Stadtarchiv von Montarcher.
Facs.: Musée des archives départementales pl. L, Nr. 135.
Text 317 ff.

Sequuntur parvuli pueri, quos ego / Claudius Ferrerii, presbyter vicariusque / Montis Archerii, baptisavi in dicta / ecclesia parrochiali Montis Archerii, Aniciensis diocesis. / Et primo anno domini M^{o} IIII^{c} LXIX.^{no}

Mazeaux.

Anno quo supra LXIX et die sabbati XV mensis octobris / Petrus, filius Iohannis de Mazeaulx, de Croseto, et Catharina / uxorque Claudii de Pinatella, lignifabri / habitatoris Sancti Boniti castri portaverunt ad / fontes baptismi Catherinam, filiam Iacobi de / Mazeaux de Croseto et Mariete eius uxoris. /

— —

Crespelloni.

Anno quo supra et die purificationis beate Marie secunda / febroarii Andreas Marca de Assoliis[1] et Johanna / uxor Petri Barghoni de Marolliis portaverunt ad fontes baptismi / Benedictam, filiam Vitalis Crespelloni / et Iohanne, eius uxoris, loci de Monte Formoso.

— —

Sequuntur matrimonia / solempnisata et desponsata / in ecclesia Montis Archerii Aniciensis diocesis, / per me Claudium Ferrerii presbyterum / vicariumque ipsius loci, et filii / et filie qui recesserunt extra parrochiam predictam Montis Archerii.

Primo anno domini M^{o} IIII^{c} LXIX°.

Anno predicto et die dominica XXVIII januarii / desponsavit Petrus Fayoti de Grangiis / suam secundam uxorem, videlicet Yzabellem filiam / Anthonii de Capella condam, loci Ussonii.

Anno iamdicto et die sabbati LXXe, XVII mensis febroarii recessit extra parrochiam Anthonia / filia Andree Granioni condam de Croseto ad contrahendum / matrimonium cum Matheo filio Iohannis de la Po/chetera, parrochie Furminiacii, Lugdunensis diocesis.

— —

Anno LXXIIII^{to} et in mense septembris. / Matrimonium Andree Thome filii Iohannis condam, loci / de Favergia, parrochie Stivallelhiarum, Aniciensis diocesis, / et Iohanne filie Petri Bajuli condam, loci de Croseto, / parrochie Montis Archerii, dicte diocesis Aniciensis. / Non fuit consummatum matrimonium predictum, quia mortuus est idem sponsus post subarraciones.

— —

Sequuntur [summe, que][1] / michi Claudio [Ferrerii, presbytero] / vicarioque ecclesie Mo[ntis Archerii][2] / debentur terragii qu[— —] quolibet corpore defu[ncto] / in parrochia predicta Montis

[1] *Am Rand* migravit. [2] *Blattrand verletzt.*

Archerii. / Debentur curato ipsius loci XV denarii turonenses ad causam / terragii et canonica portione.

Et sequuntur illi, de quibus / ego Claudius Ferrerii presbyter / levavi, videlicet unum grossum pro terragio tam de / magno quam de parvo etc.

Anno domini M° IIII^{c} LXX^{mo}. Iacobus de Mazeaulx debet michi pro terragio / Iohannis sui patris, cepulti die XXIII marcii / vedelicet I grossum. [*Am Rand:*] solvit †.

Johannes Bajuli pro terragio Alizie eius uxoris / sepulte veneris XXVII aprilis I grossum. [*Am Rand:*] solvit †.

Vitalis Crespelli de Monte Formoso / pro terragio sui pueri, cepulti X^{a} jullii grossum. [*Am Rand:*] solvit †.

— — — — — — — — — — — — — — — — — — — —

---

81. Kaiser Friedrich III.

1478, Mai 3.

Steuerquittung an den Juden Isaak.

Or. auf Papier (ganz eigenhändig; mit aufgedrücktem Sekret): Wien, Haus-, Hof- u. Staatsarchiv.

Fasc.: Kaiserurkunden in Abbildungen XI, 6b.

Ed.: Mon. Habsburgica Ib, 563. — Chmel 7204.

F.

Der Isac und sein enenkel[1] haben mir an yrer steur geben, die / gefallen sein Jekel juden zu peczallung der gult, die / ich von dem Kagrer gekauft hab; der sag ich si quit. /

Exaudi 1478.

[S.] per manum propriam.

[*Auf der Außenseite von gleichzeitiger Hand:* K. Fridrichs hannd-quittung juden.]

---

82. Originalsupplik.

[Vor März 1488.]

Bewilligung der vom Herzog Wilhelm III. von Jülich-Berg für sich und andere erbetenen Dispense der Absolution in Reservatfällen, des vollkommenen Ablasses, genannter Kommutationen usw. durch Papst Innocenz VIII.

Or.-Perg. (mit farbigen Miniaturen und Randleisten): Berlin, Geh. Staatsarchiv.

---

[1] *Übergeschrieben statt* aidem.

Facs.: Schmitz-Kallenberg, Practica cancellariae apostolicae s. XV. ex. (Münster, 1904), Taf. VI. Vgl. Brackmann, Papsturkk. Taf. X[a].
Ungedruckt. — Zur Sache vgl. E. Göller, Die päpstl. Poenitenciarie I, 185, 213. Zur Ausstattung Erben, Arch. f. Urk.-forsch. VIII, 100.

BEATISSIME[1] PATER.

Ut animarum saluti devotorum oratorum vestrorum eiusdem vestre Sanctitatis et sancte Romane ecclesie devotissimorum Wilhelmi Juliacensis et Montensis ducis eiusque impresenciarum con/thoralis ducisse ac nobilium virorum Bertrami de Nesselrode, Wilhelmi Berusaii militum[2], Iohannis Nesselrode, Bertrammi de Plettenberch dicti ducis consi/liariorum et militarium, cum eorum uxoribus respective, ac utriusque sexus liberis salubrius consulatur.

supplicatur Sanctitati vestre pro parte dictorum oratorum, quatenus / eis et eorum cuilibet specialem graciam facientes ut confessor ydoneus secularis vel cuiusvis ordinis regularis presbyter, quem quilibet eorum duxerit eligendum, ipsos et eorum quemlibet / ab omnibus et singulis eorum peccatis, criminibus et delictis quantumcunque enormibus, jeiuniorum, peregrinacionum aliorumque votorum et iuramentorum transgressionibus, / periuriorum reatibus, horarum canonicarum et divinorum quorumcunque ac penitentiarum iniunctarum omissionibus, simonie labe nec non homicidii voluntarii seu casualis ac a quibus/vis excommunicationis, suspensionis et interdicti, irregularitatis aliisque ecclesiasticis sentenciis, censuris et penis a iure seu quibuscumque apostolicis constitutionibus decretis et literis, / sive ab homine quavis occasione vel causa latis seu promulgatis aut incursis, etiam si talia forent propter que merito sedes apostolica esset consulenda[3], de reservatis / semel in vita et in mortis articulo, de non reservatis vero casibus tociens quotiens opus fuerit absolvere et penitenciam salutarem iniungere. Vota vero quecunque / jeiuniorum, peregrinacionis ac jeiunia ab ecclesia imposita et indicta in alia pietatis opera commutare et juramenta quecunque relaxare et ab eisdem absolvere, ac eis et eorum / cuilibet omnium[4] peccatorum suorum remissionem indulgenciamque et absolucionem impendere, etiam semel in vita et in mortis articulo.

Necnon liceat eis et eorum cuilibet habere / altare portatile, super quo in ipsorum presencia eciam ante diem, eciam interdicti aliasquam auctoritate apostolica impositi tempore, dummodo causam interdicto non dederint, faciant / celebrari. Ac a quocunque sacerdote ydoneo,

---

1 *Im* B *das Wappen des Papstes in rot, weiß und blau.* 2 um *auf Rasur korr.*
3 *Vgl. den Nachtrag am Schluß.* 4 omni *Or.*

quandocunque ipsis et eorum cuilibet videbitur expediens, eucaristiam sive corpus dominicum suscipere preterquam / in die pasche; ac eidem sacerdoti, ut illam et illud eis et eorum cuilibet ministrare, cuiusvis alterius licencia minime requisita et non obtenta libere et licite possint / et valeant et quilibet eorum respective possit et valeat, et confessor eciam possit et valeat. Quodque Quadragesima ipsi et eorum quilibet lacticiniis, ovis et caseis / cum eorum familia perfrui possint et possit, preterquam in ebdomada sancta, licenciam et facultatem concedere et indulgere dignemini de gracia speciali.

Consti/tutionibus et ordinacionibus apostolicis ceterisque in contrarium facientibus non obstantibus quibuscunque, cum clausulis oportunis [*von anderer Hand mit Verweisungszeichen zu oben* 2:] exceptis casibus in bulla Iovis / sancte contentis.

[*eigenhändig*] fiat ut petitur. J.

Et de reservatis semel in vita et in mortis articulo.
Et de non reservatis casibus tociens quociens opus fuerit.
Et de plenaria remissione semel in vita et in mortis articulo.
Et de commutacione jeiuniorum, peregrinacionum et quorumcunque votorum, / Ierosolimitane, visitacionis liminum apostolorum, sancti Jacobi de / Compostella, religionis et castitatis votis dumtaxat exceptis.
Et de relaxatione iuramentorum et absolucione ab eisdem.
Et de altari portatili sicut prefertur.
Et quod suscipere eucaristiam ut supra.
Et de esu lacticiniorum, ovorum et casei in Quadragesima etc.
Et quod presentis supplicacionis sola signatura sufficiat / absque aliarum literarum desuper expedicione.

[*eigenh.*] fiat ut supra. J.

---

83. Kaiser Karl V.

1521, März 6. Worms.

Geleitsbrief für Martin Luther zur Reise nach Worms.

Or.: Gräfl. Wallenrodtsche Bibliothek zu Königsberg i. Pr.
Facs. (mit Text): Th. Brieger, Die Reformation (bei Pflugk-Harttung, Weltgeschichte, Neuzeit I) 280. — Vgl. Deutsche Reichstags-Akten II, 526.

Wir Karl der fünfft, von Gots gnaden erwelter Romischer kaiser, zu allen zeitten merer des reichs etc. / in Germanien, zu Hispani, baider Sicilien, Iherusalem, Hunngern, Dalmacien, Croacien etc. kunig, ertzhertzog zu / Osterreich und herzog zu Burgundi, grave zu Habspurch, Flanndern und Tirol etc. bekennen als wir aus be/weglichen ursachen Martin Luter Augustiner ordens her gen Wormbs erfordert, das wir im deshalben unnser und / des heiligen reichs frey gestrackh sicherheit und gelait wider menigklich gegeben und zugesagt haben, und tun das / von kaiserlicher macht wissentlich in krafft diß briefs, also das er in einundzwaintzig tagen den nechsten / nach überantwürttung diß unnsers briefs her gen Wormbs kumen und daselbs unnser und des reichs stennde / hanndlung auswartten und darnach von dannen bis wider an sein sicher gewarsam ziehen sol und mag, von unns / und allermenigklichen unbelaidigt und unverhindert.

Und gepieten darauf allen cuhrfursten, fürsten / geistlichen und weltlichen prelaten, graven, freyen herrn, rittern, knechten, haubtleuten, vitztumben, vogten, phlegern, / verwesern, ambtleutten, schultheißen, burgermaistern, richtern, reten, burgern, gemainden und sonst allen andern / unnsern und des reichs unnderthanen und getrewen, in was wirden, stats oder wesens die sein, ernnstlich mit disem / brief und wellen, daz sy solh unnser und des reichs sicherhait und glait an dem gedachten Martin Luter stett und / veßt hallten, ine auch in seinem hin und widerziehen gelaitten und gelaittet zu werden verschaffen, und ine da/wider nit belaidigen noch bekumern noch des yemands annderm ze tun gestatten, in kein weise, als lieb ainem / yeden sey, unnser und des reichs swer ungnad und straff zu vermeiden; das mainen wir ernnstlich.

Mit / urkhundt diß briefs, geben in unnser und des reichs statt Wormbs am sechsten tag des moneds Martii, / nach Christi geburde funftzehenhunndert und im ain und zwaintzigisten, unserer reiche, des Romischen im / andern und der anndern aller im sechsten jaren.

Carolus

ad mandatum domni / imperatoris proprium /

[*eigenh.:*] Albertus Cardinalis Moguntinus /

archicancellarius subscripsi

[*eigenh.:*] Niclas Ziegler.

---

84. Jeanne d'Albret.

Vor 1541, Juni 14.

Protestation gegen die ihr aufgezwungene Ehe mit dem Herzog von Cleve, vor Zeugen.

Or. (ganz eigenhändig): Archives départ. des Basses-Pyrenées. Facs.: Musée des arch. départementales LIV, N. 141.

Ausg.: ebd. Text S. 333. — Vgl. die Notariatsinstr. Pap. d'etat de Granvelle III, 112—116. [Die Cassation der Ehe erfolgte durch Paul III., 1545, Oct. 12.]

Moy Iehanne de Navarre, en la presence de Vous qui m'avés / faict pour la verité ce plaisir de signer la protestasion / que j'ay si devant faicte et qui voyés et congnoisés, comment / je suis contrincte et forcée tant par la royne ma mere / que par ma gouvernente ou faict du mariage, / poursui du duc de Cleves et de moy, et qui ausy / voyés comme l'on veult contre mon vouloir faire / quelque solanité du mariage, je dictz et declare / que je persevere a ma dicte protestasion faicte devant / Vous le jour des prentandues fiensalles d'entre / le dict duc de Cleves et moy et es aultres protestasions, / que j'en ay ⟨par⟩ par cidevant faictes, tant de parolle / que par escript; et que la dicte solanite et toutes aultres / choses, qui y seront faictes, seront contre mon / vouloir et que elles seront nulles comme faictes / ou consenties par forces et contrainctes, Vous appelan / ausy a tesmoings et priant de signer la presente / avecq moy, esperant avecq l'aide de dieu qu'elle me / servira quelque fois.

Jehanne de Navarre.

J. Darros. Frances Navarro. Arnaud Duquasso.

85. Marschall H. de la Tour, Vte de Turenne.

1644. April 4.

Artikel für die Kapitulation der Stadt Luxeuil.

Or. (Patent mit Siegeln): Stadtarchiv Luxeuil.
Facs.: Musée des archives départementales, LVII, Nr. 158. Text S. 371.

Articles accordez à la ville de Luxueil par monsieur le Mareschal de Turenne le 4e avril 1644.

Premierement que la ville ne sera point brusle ny pille, que l'honneur des femmes et des filles / sera conserve et la vie des habitans et residens sauve. /

Que l'armée n'entrera point dans la dite ville, ains / seulement la garnison telle que l'on jugera raison. /

Que l'on ne prendra point de prisonniers ny dedans ny dehors la ville, et que le commerce sera libre.

[*Secret Turennes v. rotem Wachs*] Turenne.
[*Großes Siegel unter Papier*] Par monseigneur
De Veine.

[*Unten links*] Compositions faiste par moy / Jean Baptiste Henrion.

GESCHICHTE UND POLITIK IN AUSWAHL

APRIL 1932

Allgemeines.

Einleitung in die Geschichtswissenschaft.
Von Professor Dr. Ernst Bernheim. Dritte und vierte, neubearbeitete Auflage. 1926. (*Sammlung Göschen Bd.* 270.)
Geb. RM. 1.80

International Bibliography of Historical Sciences.
Internationale Bibliographie der Geschichtswissenschaften. First Year. 1926. Edited by the International Committee of Historical Scienes. Groß-Oktav. LXVII, 366 Seiten. 1930. RM. 12.60

Bio-Bibliographien der Wissenschaften.
Herausgegeben von Dr. Victor Loewe, Staatsarchivrat. Heft 1: *Deutsche Geschichte.* Von Dr. Victor Loewe. Oktav. 87 Seiten. 1931. RM. 3.50

Handbuch der Urkundenlehre für Deutschland und Italien.
Von Professor Dr. Harry Breßlau. Zweite Aufl. Groß-Oktav.
I. Band. XVIII, 746 Seiten. 1912. RM. 35.—, in Halbleder 38.50
II. Band, 1. Abt. X, 392 Seiten. 1915. RM. 20.—
II. Band, 2. Abt. VII, Seiten 393—664. 1931. RM. 18.—
II. Band vollständig. RM. 38.—, geb. 42.—

Lateinische Paläographie.
Von Franz Steffens. 125 Tafeln in Lichtdruck mit gegenüberstehender Transkription nebst Erläuterungen und einer systematischen Darstellung der Entwicklung der lateinischen Schrift. Zweite, verm. Auflage. Gr.-Folio. 8, XL Seiten. 1929. RM. 90.—

Quellenkunde der deutschen Geschichte im Mittelalter (bis 1400).
Von Dr. Karl Jacob, Professor an der Universität Tübingen.
I. Band. Dritte, durchgearbeitete und vermehrte Auflage. 124 Seiten. 1922. (*Sammlung Göschen Bd.* 279.) Geb. RM. 1.80
II. Band: Die salische und staufische Zeit (1024—1250). Zweite, völlig umgearbeitete Auflage. 110 Seiten. 1926. (*Sammlung Göschen Bd.* 280.) Geb. RM. 1.80

Leitlinien der allgemeinen politischen Geographie.
Naturlehre des Staates. Zweite, umgearbeitete Auflage. Nach dem druckfertig hinterlassenen Manuskript A. Supans besorgt von Dr. Erich Obst, Professor der Geographie an der Technischen Hochschule in Hannover. Groß-Oktav. VIII, 199 Seiten. Mit dem Bildnis des Verfassers und 7 Textfiguren. 1922.
RM. 4.—, geb. 5.20

Deutscher Kulturatlas.
Herausgegeben von Dr. Gerhard Lüdtke und Dr. Lutz Mackensen, Privatdozent an der Universität Greifswald. Quer-Folio. Etwa 500 Karten.

Jede Karte enthält eine graphische Darstellung und die entsprechende ausführliche Legende. Die Karten sind durch RGMS. geschützt.

Die Karten umfassen folgende Gebiete: Vorgeschichte, Geschichte, Siedlung, Wirtschaft und Verkehr, Religionsgeschichte, Recht, Sprache, Literaturgeschichte, Bildungsgeschichte, Philosophie, Kunstgeschichte, Musik. Die Ausgabe erfolgt außerhalb der Reihenfolge in Lieferungen von je 8 Karten. Subskriptionspreis der Lieferung bei Bezug des ganzen Atlasses 1.60. Die Karten können auch einzeln, und zwar von 8 Exemplaren an, in einfacher Sammelmappe bezogen werden. Jede Karte —.25. Sammeldecke in Leinen für je 100 Karten. Format 17 × 37 cm. RM. 3.—.

Band I. Deutsche Vor- und Frühgeschichte (108 Karten mit Literaturverzeichnis. Zeittafel und Register). In Sammelmappe RM. 25.—

Band V. Aufbau der Gegenwart 1870—1931. Erscheint Sommer 1932.

Rechtsgeschichte.

Lehrbuch der deutschen Rechtsgeschichte.

Von Richard Schröder, weiland Professor der Rechte an der Universität Heidelberg. Sechste, verbesserte Auflage, fortgeführt von Eberhard Frh. von Künßberg, Professor der Rechte an der Universität Heidelberg. Groß-Oktav. Mit einer Abbildung im Text, fünf Tafeln und einem Bildnis. 1124 Seiten. 1922. RM. 26.—, in Halbleder 30.—

Deutsche Rechtsgeschichte.

Von Dr. Hans Fehr, Professor der Rechte in Heidelberg. Zweite, verbesserte und ergänzte Auflage. Oktav. 416 Seiten. 1925. (*Lehrbücher und Grundrisse der Rechtswissenschaft Bd. X.*) RM. 13.—, geb. 14.50

Deutsche Rechtsgeschichte.

Von Dr. Richard Schröder, weiland Professor an der Universität Heidelberg. Zweite Auflage, besorgt von Dr. Heinrich Glitsch, Professor an der Universität Leipzig.

I. Bis zum Ende des Mittelalters. 160 Seiten. 1929. (*Sammlung Göschen Bd.* 621.) Geb. RM. 1.80

II. Die Neuzeit. 90 Seiten. 1929. (*Sammlung Göschen Bd.* 664.) Geb. RM. 1.80

Preußische Rechtsgeschichte.

Übersicht über die Rechtsentwicklung der preußischen Monarchie und ihrer Landesteile. Ein Lehrbuch für Studierende. Von Dr. jur. Friedrich Giese, Professor der Rechte an der Universität Frankfurt. Groß-Oktav. 256 Seiten. 1920. RM. 5.—, geb. 6.50

Beiträge zur Geschichte der deutschen Strafrechtspflege.
Herausgegeben von Max Grünhut, o. ö. Professor an der Universität Bonn, und Eberhard Schmidt, o. ö. Professor an der Universität Kiel. Groß-Oktav.
Heft 1: Strafrechtspflege in Weimar und Eisenach. Von Dr. Fr. W. Lucht. Groß-Oktav. 112 Seiten. 1929. RM. 7.—
Heft 2: Die Stellung des Strafrichters in den Gesetzen der französischen Revolutionszeit. Von Dr. R. Höhn. Groß-Oktav. 148 Seiten. 1929. RM. 8.—
Heft 3: Das Strafrecht Italiens im ausgehenden Mittelalter. Untersuchungen über die Beziehungen zwischen Theorie und Praxis im Strafrecht des Mittelalters, namentlich im XIV. Jahrhundert. Von Dr. Georg Dahm, Privatdozent an der Universität Heidelberg. Groß-Oktav. XXIII, 555 Seiten. 1931. RM. 18.—

Quellen zur Geschichte der Eheschließungen.
Ausgewählt von Claudius Frhr. von Schwerin. Oktav.
I. Römisches, kanonisches und germanisches Recht. 72 Seiten. 1925. (*Juristische Texte für Vorlesungen und Übungen II.*) RM. 3.20
II. Norwegisch-isländischer Quellenkreis. 60 Seiten. 1930. (*Juristische Texte für Vorlesungen und Übungen IV.*) RM. 3.50

Politik.

Bismarck und die Friedensunterhändler 1871.
Die deutsch-französischen Friedensverhandlungen zu Brüssel und Frankfurt März-Dezember 1871. Bearbeitet von Dr. phil. Hans Goldschmidt, Archivar im Reichsarchiv, Potsdam. Oktav. XVI, 286 Seiten. 1929. RM. 12.—, geb. 13.50

Die Deutschen Weißbücher zur auswärtigen Politik 1870—1914.
Geschichte und Bibliographie. Von Johann Sass. Groß-Oktav. X, 224 Seiten. 1928. RM. 10.—

Graf Benckendorffs diplomatischer Schriftwechsel.
Herausgegeben von Benno von Siebert. Neue, stark vermehrte Auflage der Diplomatischen Aktenstücke zur Geschichte der Ententepolitik der Vorkriegsjahre. Oktav. 3 Bände. Zusammen 1315 Seiten. 1928. RM. 30.—, geb. 35.—
Bd. I: Verzeichnis der Schriftstücke aus den Jahren 1907—1910.
Bd. II: Verzeichnis der Schriftstücke aus den Jahren 1911—1912.
Bd. III: Verzeichnis der Schriftstücke aus den Jahren 1913—1914.

Politische Geschichte des Weltkrieges.
Sein Ursprung und sein Verlauf. Von Prof. Dr. Fr. Luckwaldt.
I. 1890—1906. Von Bismarck zu Eduard VII. 142 Seiten. 1919. (*Sammlung Göschen Bd. 790.*) Geb. RM. 1.80
II. 1906—1914. Deutschland und der Dreiverband. 143 Seiten. 1922. (*Sammlung Göschen Bd. 791.*) Geb. RM. 1.80

FSC
www.fsc.org
MIX
Papier | Fördert gute Waldnutzung
FSC® C083411

Kolibri 360 GmbH
Ferdinand-Jühlke-Straße 7
99095 Erfurt, Deutschland
produktsicherheit@kolibri360.de